AIMER LA BRETAGNE

Texte **Michel Renouard**

Photographies **Emmanuel Berthier**

Éditions **OUEST-FRANCE**

Réserve naturelle des Sept Iles
CÔTE DE GRANIT ROSE
Rochers de Ploumanac'h
Trégastel
St-Gonery
Ile Grande
Perros-Guirec
Pleumeur-Bodou
Télécommunications
Lannion
Ile de Batz
Roscoff
Brignogan-Plage
St-Pol-de-Léon
Carantec
St-Jean du Doigt
Locquirec
La Roche-
Runan
I. Vierge
Tronjoly
Plouescat
Cairn de Barnenez
Kerfons
LES ABERS
Plouguerneau
Lesneven
Plestin-les-G.
Tonquédec
Brélidy
Trémazan
Lannilis
Le Folgoët
Kerjean
Rosanbo
Menez Bré
St-Hervé
Ile d'Ouessant
Ploudalmézeau
LÉON
N 12-E 50
Morlaix
Landivisiau
Kergroadès
Brest-Guipavas
St-Thégonnec
Guimiliau
Lampaul-Guimiliau
Landerneau
Les enclos paroissiaux
Guerlesquin
Loc Envel
Saint-Renan
Monts d'Arrée
I. de Molène
Le Conquet
BREST
Abbaye du Relecq
Bourbriac
Sizun
Commana
384 m
Roc'h Trévézel
Daoulas
Bulat-Pestivien
CÔTE
Plougastel-Daoulas
Elorn
Pointe de St-Mathieu
Pte des Espagnols
Huelgoat
St-Michel de-Brasparts
Forêt du Cranou
Gorges de Toul-Goulic
Lanrivain
Lagatjar
Camaret
Landévennec
MER D'IROISE
Pointe de Pen-Hir
Crozon
Brasparts
FINISTÈRE
Carhaix-Plouguer
Maël-Carhaix
Rostrenen
Presqu'Île de Crozon
Morgat
330 m
Menez Hom
Pleyben
D 790
Gorges Daoul
Cap de la Chèvre
Baie de Douarnenez
N 164
Canal de Nantes à Brest
Blavet
Châteaulin
Aulne
N.-D. du Crann
Ste-Anne-la-Palud
Musée du bateau
Trévarez
Abbaye de Bon Repos
Phare d'Armen
Réserve du Cap Sizun
Montagnes Noires
Ile de Sein
Raz de Sein
Douarnenez
Locronan
Abbaye du Langonnet
Forêt Quéné
Pointe du Raz
Cap Sizun
Quilinen
Gourin
Audierne
CORNOUAILLE
Coray
Odet
QUIMPER
Plozévet
Scaër
Le Faouët
Ste-Barbe
N.-D. de Crénénan
Guémené-sur-Scorff
Quimper-Pluguffan
Ergué-Gabéric
Faïenceries
Kernascléden
Quelven
St-Nicod
Baie d'Audierne
Pays bigouden
Rosporden
Forêt de Pontcallec
Bubry
Melrand
La Forêt-Fouesnant
Pont-l'Abbé
Fouesnant
Aven
N 165-E 60
Quimperlé
Site de Caste
Pointe de la Torche
St-Guénolé
N.-D. de la Joie
Pointe de Penmarc'h
Penmarc'h
Maison du pays bigouden
Bénodet
Concarneau
Musée de la pêche
Pont-Aven
Pont-Scorff
Scorff
Inzinzac-Lochrist
Blavet
Guilvinec
Moëlan-sur-Mer
Hennebont
Iles de Glénan
Lorient-Lann-Bihoué
LORIENT
Merlevenez
Kerambar
Ste-A d'Au
Port-Louis
Larmor-Plage
Pointe de Gâvres
St-Cado
Ile de Groix
Alignements de Carnac
Carnac
Presqu'Île de Quiberon
Baie de Quiberon
Côte Sauvage
Quiberon
Pointe des Poulains
I. de Ho
Grotte de l'Apothicairerie
Le Palais
Aiguilles de Port-Coton
Belle-Ile
ARCHITECTURE CIVILE
Ensemble urbain remarquable
Petite cité de caractère
Château
ARCHITECTURE RELIGIEUSE
Église ou chapelle
Monastère, abbaye
Enclos paroissial
Pèlerinage (pardon)
Calvaire
MONUMENTS MÉGALITHIQUES
Menhir
Dolmen, allée couverte, cairn
Panorama, point de vue
Réserve ornithologique
Musée spécialisé, écomusée
Parc naturel régional (d'Armorique dans le Finistère, de Brière en Loire-Atlantique)
Autoroute
Route à grande circulation
Grande route
Route secondaire
Aérodrome
Liaison maritime
25 km
Cartographie AFDEC

vers Jersey
vers les Îles Anglo-Normandes et l'Angleterre
Iles Chausey
Granville
Coutances
Saint-Lô
Condé-sur-Vire
Villers-Bocage
COTENTIN
CALVADOS
365 m
Vire
Villedieu-les-Poêles
Condé-sur-Noireau
MANCHE
Tinchebray
Flers
Brécey
Avranches
Pontaubault
COLLINES DE NORMANDIE
Mortain
343 m
Barenton
Domfront
Sée
Sélune
Saint-Hilaire-du-Harcouët
Le Teilleul
Mont St-Michel
Baie du Mont St-Michel
Pointe du Grouin
Cancale
CÔTE D'ÉMERAUDE
Cap Fréhel
Fort-La-Latte
St-Malo
Paramé
Usine marémotrice
St-Lunaire
Dinard
St-Cast-le Guildo
le Guildo
Erquy
Bien-Assis
Pléneuf-Val-André
Pte du Roselier
Baie de St-Brieuc
St-Quay-Portrieux
Binic
St-Brieuc-Armor
ARMOR
Lamballe
PENTHIÈVRE
Hunaudaye
Corseul
Arguenon
Dinan
Dinan-Trélivan
Rance
Dol-de-Bretagne
Mont Dol
Prés salés
N 176
N 175
Pontorson
Abbaye du Tronchet
La Ballue
Antrain
Combourg
La Bourbansais
Tremblay
Rocher-Portail
Louvigné-du-Désert
Forêt de Fougères
Fougères
Gorron
Ambrières-lès-Vallées
Mayenne
Ernée
N 12
Chailland
La Croixille
Montsûrs
N 162
La Touche-Trébry
N.-D. du Haut
Moncontour
Bel Air
Abbaye de Boquen
Landes du Mené
Quillio
Forêt de Loudéac
Querrien
Loudéac
Merdrignac
Caulnes
Le Hac
Coëtlan
Caradeuc
Les Iffs
Hédé
Montmuran
Canal d'Ille et Rance
Andouillé-Neuville
Tombe de St-Lénard
Forêt de Montauban
Montauban
N 164
St-Méen-le-Grand
N 12 - E 50
N 137
Ille
Forêt de Rennes
St-Aubin-du-Cormier
Couesnon
VENDELAIS
Meu
Montfort
RENNES
Rennes-St-Jacques
Bintinais
Vilaine
Champeaux
Vitré
Rochers Sévigné
A 81 - E 50
Laval
N 157 - E 50
Châteaugiron
Bruz
Blossac
Abbaye de Timadeuc
La Trinité-Porhoët
Forêt de Lanouée
Comper
Forêt de Paimpont
Plélan-le-Grand
Paimpont
N 24
D 766
ILLE-ET-VILAINE
Monbuan
Bais
Argentré-du-Plessis
La Roche aux Fées
Janzé
Rétiers
La Guerche-de-Bretagne
MAYENNE
Meslay-du-Maine
N 171
ORBIHAN
Josselin
Ploërmel
Coëtquidan
Guer
Guéhenno
Kerguéhennec
Malleville
Maure-de-Bretagne
Le Moustoir
Malestroit
N 166
Canal de Nantes à Brest
LANDES DE LANVAUX
Bain-de-Bretagne
D 163
N 137-E 03
Forêt d'Araize
Renazé
Craon
Château-Gontier
St-Just
Lande de Cojoux
Grand-Fougeray
St-Avé
Forteresse de Largoët
VANNES
Rochefort-en-Terre
Questembert
Redon
Pouancé
Châteaubriant
Forêt de Juigné
Segré
Le Plessis-Josso
Le Guerno
N 165-E 60
Vilaine
Guémené-Penfao
N 171
Moisdon-la-Rivière
Le Lion-d'Angers
Sarthe
Suscinio
La Roche-Bernard
Saint-Gildas-des-Bois
Forêt du Gâvre
Nozay
La Motte-Glain
Abbaye de Melleray
Candé
La Bretesche
Carheil
Blain
Erdre
ANGERS
Ranrouët
St-Joachim
Pontchâteau
Nort-sur-Erdre
A 11 - E 60 - l'Océane
Ile de Fédrun
LOIRE-ATLANTIQUE
Varades
Ingrandes
Champtocé
N 23
Les Ponts-de-Cé
Hoëdic
Pointe du Castelli
La Turballe
Le Croisic
Pointe du Croisic
Batz-sur-Mer
Guérande
Marais salants
Careil
N 171
N 165
Savenay
Vallée de l'Erdre
La Chapelle-sur-Erdre
Carquefou
Oudon
Ancenis
Champtoceaux
Chalonnes
N 160
St-Nazaire Montoir
La Baule
CÔTE D'AMOUR
ST-NAZAIRE
Paimbœuf
St-Brévin-les-Pins
Musée de La Marine
NANTES
N 23
LA LOIRE
MAINE-ET-LOIRE
Saint-Lambert-du-Lattay
Goulaine
Chemillé
Beaupréau
PAYS DE RETZ
Le Pellerin
Vallet
MAUGES
D 751
Nantes-Atlantique
Vertou
Le Pallet
Saint-Macaire-en-Mauges
Vihiers
D 960
N 249
Pointe de Saint-Gildas
Pornic
Réserve naturelle
Lac de Grand-Lieu
Clisson
A 83
Baie de Bourgneuf
Bourgneuf-en-Retz
Machecoul
St-Philbert-de-Grand-Lieu
Boulogne
Cholet
N 149-E 62
Sèvre Nantaise
Noirmoutier-en-l'Île
Ile de Noirmoutier
Mortagne-sur-Sèvre
Beauvoir-sur-Mer
VENDÉE
N 137-E 3
N 160
D 972
N 174
N 175-E 03
D 973
D 798
N 176

Introduction

Pour André Rannou

Un pays, c'est d'abord une terre, un relief, un paysage. La Bretagne est une large presqu'île qui s'étire sur quelque 270 kilomètres et s'étale sur 34 000 kilomètres carrés. Elle est donc cernée par la mer — la Manche ou l'Atlantique — au nord, à l'ouest et au sud.

Page de gauche
Le calvaire (fin 16e) de l'enclos paroissial de Guimiliau raconte, sans souci de la chronologie, la vie du Christ...

Ci-dessous
Pointe du Raz.

Où que l'on soit, elle n'est jamais bien loin : 100 à 150 kilomètres seulement séparent les rivages nord et sud de l'Armorique. D'où ce climat océanique, à la fois doux et humide. Les températures y sont rarement très basses, mais le vent y est fort et la pluie tenace. La population est de 4 300 000 habitants. Synthèse d'éléments latins et celtes, elle présente des traits de caractères originaux (la ténacité, voire l'entêtement, des Bretons est légendaire !), encore que ceux-ci tendent à s'estomper sous le laminage quotidien de la télévision franco-américaine. Certains Bretons

Ci-dessus
Démantelé à la fin du 16e siècle, brûlé pendant la Révolution, le château de Comper, dans la forêt de Paimpont, fut reconstruit en 1870. Selon la légende, c'est en réalité Diane la chasseresse qui l'éleva.

comprennent encore la langue de leurs ancêtres, tandis que dans les campagnes de Haute-Bretagne le gallo — un dialecte britto-roman — reste vivace.

Pour être bien réelles, les origines celtes sont cependant fort lointaines.

L'arrivée des Bretons

Aucun document ne permet de dater l'arrivée des Bretons. Les relations entre l'Armorique et l'actuelle Grande-Bretagne avaient toujours existé, même lors de la colonisation romaine. Les Latins avaient, en fait, favorisé les premières implantations de Bretons. Il semble, cependant, que l'immigration se soit intensifiée aux 4e et 5e siècles. Sous la conduite de membres de familles princières du pays de Galles, de Cornouailles et du Devon, des populations bretonnes auraient quitté leur pays pour échapper à l'insécurité et aux pillages. Mais n'imaginons pas un flot d'envahisseurs et n'oublions pas qu'il ne devait guère y avoir plus de 300 000 autochtones dans la péninsule gauloise.

Ces Bretons venus par la mer ont surtout occupé le nord-ouest. Ils ont laissé de côté l'est et une partie du centre, du moins si l'on en croit les toponymes gallo-romains en *ac*. De plus, selon François Falc'hun, le breton du Vannetais serait une survivance du celtique armoricain. Ce qui tendrait à prouver que les Bretons n'ont pas submergé les populations antérieures et que la langue romaine n'avait pas fait totalement disparaître le celte.

Ci-dessus
Dans ce chaos de rochers, près de Lanrivain, le Blavet disparaît sur quelques centaines de mètres. C'est la « perte du Blavet », mais le lieu est connu sous le nom de Toul-Goulic.

Bretons de tous les pays…

Définie dans ses limites historiques, la Bretagne regroupe la région « Bretagne » (Finistère, Morbihan, Côtes-d'Armor, Ille-et-Vilaine) et le département de Loire-Atlantique incorporé à la région « Pays de Loire ». Elle comprend quelque 1 500 communes.

À ces habitants de la péninsule, il conviendrait d'ajouter les quelques millions de Bretons de la diaspora établis en France (vallée de la Loire, Normandie, région parisienne et Dordogne notamment), outre-mer et à l'étranger (Amérique du Nord, Argentine, Antilles et Guyane, Australie, Pacifique, île de la Réunion). Cette véritable hémorragie humaine, qui s'est surtout manifestée à partir de 1850, a particulièrement touché les Côtes-d'Armor et le Morbihan. Il suffit, par ailleurs, de voyager à travers le monde pour se rendre compte du pourcentage élevé de diplomates, de religieux ou de professeurs d'origine bretonne. Mais, où qu'il se trouve, le Breton reste attaché à la terre de ses ancêtres.

La langue bretonne

Quelque 400 000 personnes comprennent plus ou moins le breton, mais seuls 170 000 locuteurs, souvent âgés de plus de soixante ans, le parlent encore, et 15 000 (lettrés, étudiants ou militants) le lisent. Depuis 1918, le nombre de Bretonnants baisse de façon dramatique, comme le montrent les travaux de Fañch Broudic.

Le breton est une langue celtique comme le gallois, le cornique, le gaélique irlandais, l'écossais, le manx (parlé dans l'île de Man) et, jadis, le gaulois. En fait, c'est surtout aux deux premières qu'il est apparenté ; il forme, avec elles, le rameau brittonique.

Ci-dessus
La cité médiévale de Vitré recèle diverses maisons à pans de bois ou à porche (ici, rue d'Embas).

Ci-dessus
Port de Sauzon, en Belle-Île-en-Mer.

La Bretagne et ses langues

Aux premiers siècles de notre ère, les Armoricains parlaient une variété de gaulois. Puis, comme dans toute la chrétienté d'Occident, les élites – surtout présentes dans les monastères – avaient une bonne connaissance du latin. Pendant quelques siècles, l'Armorique fit partie du monde romain, ce qui facilita la très lente apparition du français, surtout dans l'est de la péninsule (Haute-Bretagne). Venus des îles Britanniques, les premiers « Bretons » arrivèrent à une date incertaine (sans doute aux environs des 4e et 5e siècles). Ils apportèrent avec eux leur culture, leurs traditions et leur langue, qui se propagea surtout dans l'ouest (Basse-Bretagne) : c'est celle-ci qui est à l'origine du breton parlé aujourd'hui.

Dans les campagnes de Haute-Bretagne, on utilise aussi le gallo, qui est un des dialectes de la famille romane. On enseigne le gallo dans certaines écoles… et un album de Tintin a été traduit dans cette langue en 1993.

Touristes mis à part, il y a aussi un certain nombre d'anglophones en Bretagne. Pour des raisons géographiques évidentes, les liens entre les Anglais et les Bretons ont toujours existé. Au 19e siècle, une colonie anglaise se constitua même dans le pays de Rance (Dinan, Saint-Malo, Dinard). Vers 1870, plus de 500 Anglais résidaient à Dinan. À la même époque, les Johnnies de Roscoff allaient en Angleterre vendre leurs oignons. Depuis plusieurs années, les Britanniques sont encore plus nombreux à venir s'installer en Bretagne (on compte aujourd'hui quelque 11 000 propriétaires anglais, surtout dans le Centre-Bretagne).

Une langue difficile ?

Le breton a la réputation d'être une langue difficile. En vérité, toute langue a ses difficultés spécifiques, et même l'italien ou l'espagnol – réputés « faciles » – sont semés d'embûches pour le francophone. Il reste cependant vrai que le breton possède une difficulté majeure : les mutations consonantiques. Il s'agit d'un phénomène phonétique et grammatical, qui est une des originalités des langues celtiques (et du dialecte sarde). Ce terme signifie que, sous certaines influences, la consonne initiale d'un mot peut changer. À côté de *penn* (tête), on a *e benn* (sa tête) et *ma fenn* (ma tête). À côté de *ti* (maison), on a *e di* (sa maison) et *ma zi* (ma maison). S'il y avait des mutations de ce type en français, le mot *brebis* deviendrait *prebis* ou *vrebis*, le mot *talus* se métamorphoserait en *dalus* ou en *zalus*… Ces mutations se retrouvent parfois dans les noms de lieux, et tout le monde fait une mutation sans le savoir en parlant de Plougastel, puisque *gastel* vient de *kastel*. ■

N'en concluons pas que Gallois et Bretons se comprennent entre eux. Même si leurs langues puisent à un même fonds commun, même si les racines des mots usuels sont souvent identiques, même si les structures grammaticales sont comparables, il y a aujourd'hui plus de différence entre elles qu'entre l'anglais et le néerlandais. La langue bretonne comporte un important fonds lexical d'origine celte — dont une partie, peut-être, d'origine gauloise. Mais, dès la fin du Moyen Âge, elle a très avidement puisé dans le vocabulaire roman (français et dialectes gallos). Pourtant, malgré cette influence envahissante, le breton a su préserver son originalité grammaticale. Son système verbal, en particulier, est resté riche et complexe. Son système prépositionnel ne l'est pas moins.

Ci-dessous
Île de Groix.

Regards sur la Bretagne

Ajonc : Arbrisseau à rameaux épineux et à fleurs jaunes (famille des papilionacées). L'ajonc croît sur des sols siliceux, et les landes bretonnes constituent sa terre d'élection. Cultivé jusqu'à la fin du 18e siècle, il servait de fourrage, de litière pour le bétail et de combustible. L'espèce la plus commune est l'ajonc d'Europe, que l'on trouve sur les landes sèches. L'ajonc nain préfère les terrains humides, et l'ajonc Le Gall les landes peu humides exposées au vent.

Ankou : Personnification de la mort. L'Ankou apparaît dans de très nombreuses légendes (cf. *La Légende de la mort chez les Bretons armoricains* d'Anatole Le Braz) sous la forme d'un squelette, vêtu d'une cape et portant une faux. Il existe également un Ankou marin, premier noyé de l'année. Son apparition aux vivants était annonciatrice de la mort. La tradition situe son royaume dans les monts d'Arrée.

Celtes : Peuplades de langues indo-européennes. Elles s'installèrent en Europe centrale puis occidentale aux environs du deuxième millénaire. Leur habitat originel reste inconnu. Les Celtes s'installèrent dans ce qui est aujourd'hui la France (et devinrent les Gaulois). Ce furent les premiers Celtes à envahir la Bretagne. Il y eut une seconde vague quand les « Bretons » venus des îles Britanniques gagnèrent l'Armorique aux environs du 5e siècle de notre ère.

Dolmen : Monument mégalithique. Du breton *taol* (table) et *maen* (pierre) ; le mot en breton moderne est *taol-vaen* (pluriel : *taolioù-maen*). Il s'agit donc d'une imposante structure de pierres dressées en forme de table. En réalité, le mot dolmen recouvre des réalités assez différenciées. Les structures les plus anciennes (- 6 500 avant notre ère) sont, en fait, des chambres rondes… D'autres, qui datent de - 5 000 à - 4 000 avant notre ère, sont les dolmens proprement dits ; ils sont nombreux à Carnac et dans les environs.

Enclos paroissiaux : Constructions religieuses. Les enclos sont apparus à la fin du 16e et se sont développés ou enrichis aux 17e et 18e siècles… L'enclos comprend normalement un muret ceinturant l'espace sacré. On entre par une porte triomphale, parfois impressionnante. Un ossuaire (ou chapelle funéraire) permettait, dans le cimetière, de recevoir les ossements. Un grand calvaire à personnages rappelle au croyant la mort et la résurrection du Christ. L'église enfin, richement ornée de retables, constitue l'élément essentiel.

Fest noz : Fête traditionnelle. Mot breton signifiant « fête de nuit ». À l'origine, la population rurale se réunissait pour célébrer la fin des grands travaux des champs. Ces fêtes donnaient lieu à danses et chants traditionnels, accompagnés de musique, et pendant lesquelles on buvait du cidre. Les *festoù-noz* sont encore populaires en Bretagne, mais il s'agit de fêtes organisées.

© Michel Brunet

Gwenn ha du : Les couleurs blanc (*gwenn*) et noir (*du*) sont celles du drapeau breton tel qu'il fut dessiné, en 1923, par un architecte, Morvan Marchal. Les bandes noires symbolisaient les évêchés de Haute-Bretagne (Dol, Saint-Malo, Saint-Brieuc, Rennes, Nantes) et les blanches ceux de Basse-Bretagne (Léon, Cornouaille, Tréguier, Vannetais). Les hermines reprenaient le symbole jadis choisi par la famille ducale des Montfort. Gwenn ha du fut aussi le nom d'une société secrète d'activistes bretons créée en 1930.

© Eric Cattin

Menhir : Monument mégalithique. Du breton *maen* (pierre) et *hir* (longue) ; le mot en breton moderne est *maen-hir,* mais le terme *peulvan* ou *peulven* (pilier de pierre, colonne de pierre) est également utilisé (il est d'ailleurs plus ancien). On a des menhirs isolés, des menhirs disposés en cercle (cromlech) ou en file (alignements). Les plus célèbres menhirs du monde sont ceux de Carnac.

Océanopolis : Centre de culture scientifique, technique et industrielle de la mer. Ouvert en 1990, il est installé au port de plaisance du Moulin-Blanc à Brest. Ses aquariums comptent parmi les plus grands d'Europe, ce centre présente la flore et la faune locales, c'est-à-dire poissons, mollusques, phoques, algues.

© Hervé Ronné

Pardons : Fêtes locales religieuses. Au départ, il s'agissait de se réunir dans le but de faire pardonner ses péchés. Les pardons étaient dédiés à la Vierge, à tous les saints de l'Église, puis petit à petit aux saints bretons et celtiques. On constate que des vœux étaient souvent à l'origine des pardons. Autrefois, les pèlerins venaient à pied, parfois de très loin, et assistaient à un pardon qui durait plusieurs jours.

Les mégalithes

À l'image de la Bretagne, on associe presque toujours les monuments mégalithiques (le dolmen et le menhir). Et c'est juste, car leur densité y est considérable.

Ci-contre
Menhir de Kermaillard, dans la presqu'île de Rhuys.

Ci-dessous
Ces extraordinaires alignements font de Carnac et de ses voisines un des hauts lieux mondiaux de la préhistoire.

À eux seuls, les alignements de Carnac comptent près de 3 000 menhirs sur une longueur de 4 kilomètres. Malgré leurs noms bretons — d'ailleurs tardifs —, ces pierres n'ont aucun lien avec les Celtes, même si ceux-ci les ont volontiers peuplées de leurs légendes et de leurs rêves. En réalité, elles sont antérieures de 1 000 à 3 000 ans à leur arrivée. Ce sont les vestiges d'un très long passé — la préhistoire — au cours de laquelle des hommes ont vécu dans notre péninsule.

Les personnes désireuses de se pencher sur la préhistoire pourront prendre contact avec le sujet dans la remarquable salle du musée de

Ci-dessus
Dolmen de Mané-Kerioned, à Plouharnel.

Bretagne, aux Champs-Libres de Rennes — où les collections sont présentées selon les exigences de la muséologie moderne —, avant de se rendre sur les lieux des vestiges ou d'aborder d'autres musées (Carnac ou Vannes, par exemple). Un des plus représentatifs est le Musée préhistorique finistérien de Saint-Guénolé-Penmarc'h, qui dépend de l'université de Rennes 1.

Quelques rares et discrets vestiges d'outillage acheuléen très ancien (Cesson et, surtout, Damgan) attestent de la présence humaine en Armorique vers - 600 000.

Durant la très longue période correspondant au paléolithique et au mésolithique (- 500 000, - 4500), les hommes de la Bretagne préhistorique n'ont laissé que peu de traces.

Dans notre région, pas de peintures rupestres comme dans le Périgord — il n'y a d'ailleurs pas de grottes —, pas de silex à tailler. La population devait être très faible, si l'on en croit du moins les maigres trouvailles. Le mont Dol, cependant, a livré divers vestiges d'une industrie moustérienne (racloirs, notamment). Dès l'origine, la localisation du peuplement sur le littoral met en évidence le rôle joué par la mer.

Au néolithique (âge de pierre nouveau, - 4500, - 1800 avant Jésus-Christ), une importante civilisation se développe sur le pourtour de la péninsule. Elle nous a laissé ces vestiges remarquables que sont les mégalithes. Le phénomène n'est pas isolé. Il participe d'un mouvement général, car cette civilisation mégalithique est surtout répandue de la péninsule Ibérique à la Scandinavie.

Cette période correspond, après les glaciations, à une phase de réchauffement climatique. Celle-ci permet, en Europe et au Moyen-Orient, l'organisation d'une civilisation agraire s'appuyant sur l'élevage et la culture. Elle entraîne des transformations sociales et voit, semble-t-il, le développement d'un culte des morts, matérialisé par de grandes sépultures collectives que l'on a appelées dolmens (ce mot étant la forme francisée de *taol-vaen*, c'est-à-dire « table de pierre »). L'impressionnant tumulus de Barnenez, près de Morlaix, remonte aux environs de - 4500.

Pendant le 3e millénaire sont dressés les **menhirs** (mot à mot, pierres longues). Isolés, ils marquent peut-être un lieu sacré mais — si les hypothèses ne manquent pas —, personne n'a pu, à ce jour, percer leur mystère. Disposés en groupes, ce sont de vastes ensembles, tantôt circulaires (Larmor-Baden), tantôt en alignements (Carnac, Erdeven) qui conduisent, d'est en ouest, à un temple clos en hémicycle (Le Ménec à Carnac).

Comment ces menhirs et ces dolmens ont-ils été dressés ? Des pierres pèsent 100 tonnes, et l'on imagine aisément la difficulté que représente la couverture au moyen de dallage de 15 à 20 tonnes.

Ci-dessous
L'île de Gavrinis, dans le golfe du Morbihan, recèle un cairn recouvrant un dolmen à chambre et à couloir. Ce monument est d'autant plus exceptionnel qu'il est bien préservé et possède une ornementation gravée (objets et animaux). © Yvon Boelle

Ci-dessus à gauche
Récemment mis en valeur, le site mégalithique de Monteneuf, à proximité de Guer, mérite une visite attentive. Il comprend quelque quatre cents menhirs.

Ci-dessus à droite
Locmariaquer : Grand menhir brisé (par un tremblement de terre ?). Avant qu'il ne se casse en quatre morceaux, c'était sans doute le plus haut menhir connu (20 m environ).

À La Roche-aux-Fées, en Essé, des éléments de 40 tonnes viennent de 4 kilomètres. Tout cela présuppose une société organisée, dont les dolmens seraient les tombes des chefs (on y a trouvé des haches de jade et des bijoux), et une civilisation techniquement avancée possédant ses spécialistes de l'architecture. Il faut ajouter que ces peuples ont produit et exporté un modèle de hache en pierre polie, que l'on retrouve en Grande-Bretagne, aux Pays-Bas et en Alsace. En Bretagne, le gisement néolithique de Plussulien fut exploité pendant plus d'un millénaire.

Aux environs de - 2000 ou - 1800, la péninsule passe de l'âge de pierre à celui des métaux, sous l'action d'immigrants venus de la mer. C'est l'âge du bronze.

Les tumulus sont l'œuvre d'une aristocratie guerrière et commerçante, qui doit sa supériorité à ses armes métalliques. On en dénombre plus de 30 sur les côtes de l'Ouest. Ce sont des tombeaux individuels de pierres sèches, enfoncés sous un tertre imposant, de 6 à 8 mètres de haut et de 50 mètres environ de diamètre. Les corps sont accompagnés de riches bijoux en or et d'armes de luxe au manche clouté d'or. Une seconde série plus tardive (- 1450) regroupe une centaine de tumulus de taille plus modeste, garnis de poteries et non plus d'armes.

L'économie fondée sur la métallurgie du bronze prend un essor considérable. Elle utilise les ressources naturelles, forestières et minières de l'intérieur, tout en s'insérant dans les circuits commerciaux atlantiques. De lourds bijoux en bronze et en or, ainsi que des épées, ont été retrouvés. Mais on remarque surtout une spécialisation de haches en bronze à talon droit (- 1200, - 1000), qui sont exportées à travers toute l'Europe du Nord (Pays-Bas, Angleterre, Pologne).

Vers - 700, la civilisation atlantique du bronze, en plein épanouissement, produit des haches à douille, alors que, dans le reste de l'Europe, l'âge du fer a commencé. En s'étendant, il n'allait pas tarder à la réduire à la ruine.

À partir des années 500 avant notre ère, des populations de langue et de

Les mystères de Carnac

Gustave Flaubert le notait déjà : « Carnac a fait écrire plus de sottises qu'il n'a de pierres. » Celles-ci, pourtant, ne manquent pas ! Il est vrai que les pierres dressées ont toujours joué un rôle important dans l'imaginaire et dans les rites de fertilité. Ne nous fions pas trop à l'apparente rigidité de ces pierres : jusqu'à une date récente, elles avaient des pouvoirs secrets, que connaissaient bien les femmes en mal d'enfant. Pour nos ancêtres – et même pour certains de nos contemporains d'Inde ou d'ailleurs –, la pierre est une matière vivante, animée par un esprit. En Bretagne, les femmes se laissaient glisser le long des pierres sacrées ou se frottaient contre les mégalithes. D'autres n'hésitaient pas à aller plus loin : elles se déshabillaient et simulaient une scène d'accouplement. Sur le plan scientifique, les spécialistes ne semblent pas d'accord sur grand-chose. ■

Ci-dessous
Menhirs d'Erdeven.

Ci-dessus à gauche
Pays de Carnac : Dolmen de Crucuno.

Ci-dessus à droite
Menhirs christianisés, dit « Gibet aux moines », sur la route de Plougonvelin, à la pointe de Saint-Mathieu. Sans doute s'agit-il d'une allusion au droit de haute justice des moines de l'abbaye de Saint-Mathieu.

Page de droite
Construit vers 2500 avant notre ère, le dolmen à portique de La Roche-aux-Fées, au sud de Rennes, est un des plus importants ensembles mégalithiques de France. Il comprend une quarantaine de blocs.
Le schiste qui a permis la construction de cet ensemble se trouve à 4 km de là, ce qui prouve que les hommes de la préhistoire savaient faire voyager les pierres.

civilisation celtes s'installent progressivement en Armorique. Ces peuplades sont porteuses des traditions de Hallstatt (du nom d'un village autrichien). Il est difficile de dire quel fut leur nombre, mais elles ne paraissent pas avoir totalement supplanté les peuples antérieurs. Au même moment, les échanges apportent les influences de la Méditerranée, grecque et italique. Amalgamés et assimilés, ces derniers courants ont donné naissance à une civilisation régionale de l'âge du fer de l'époque de La Tène (dont le nom vient d'un site archéologique de Suisse).

La population occupe des oppidums fortifiés — éperons marins (Erquy), collines (talus vitrifiés de Plédran) —, des camps (camp d'Artus à Huelgoat) solidement défendus. Les sépultures n'ont plus l'importance de celles du néolithique et de l'âge du bronze. Des stèles gravées sont dressées, qui pourraient nous faire penser à des menhirs, si elles n'avaient leur forme régulière, s'amincissant de la base vers le sommet.

L'industrie du bronze s'est éteinte, et l'on ne retrouve que de rares objets de fer. Mais une riche céramique — originale en Gaule — est produite. La poterie de couleurs variées, allant du gris au rouge, imite les modèles métalliques. Sa décoration en frises et en registres, avec ses volutes et ses palmettes, est d'inspiration classique (grecque et italique).

L'Armorique celte est divisée en cinq « cités » indépendantes les unes des autres (celles des Namnètes, des Vénètes, des Osismes, des Coriosolites et des Redones). Leurs limites restent mal connues.

À la fin du 2e siècle avant notre ère, à la suite du déclin arverne, les cités frappent des monnaies d'or, imitant le statère d'or hellénistique. C'est le cas dans la riche cité maritime des Vénètes.

Carnac, un des hauts lieux mondiaux de la préhistoire

Carnac (Morbihan) est une des capitales mondiales de la préhistoire. Ses alignements et ceux de ses voisines Plouharnel et Erdeven totalisent quelque 4 000 menhirs. Beaucoup ont disparu.

Place de la Chapelle, le **musée James-Miln-Le Rouzic** contient une collection d'objets mégalithiques (haches polies, colliers, bijoux).

L'énigme que posent les mégalithes de Carnac n'a pas reçu de solution indiscutable. Selon les uns, ils constitueraient un ensemble lié à des calculs astronomiques. Selon les autres, il s'agirait de constructions religieuses.

Les alignements remonteraient à la seconde moitié du néolithique (- 2800, - 2300). Ils s'étendent sur 4 kilomètres, du hameau du Ménec à celui de Kerlescan.

Un grand menhir près de Rennes

Le dolmen à portique de la Roche-aux-Fées, en Essé (Ille-et-Vilaine), est un des plus importants ensembles mégalithiques de France ; il appartient à un type de dolmens dit « angevin », rarissime en Bretagne mais fréquent dans la région de Saumur. Il a été construit vers 2500 avant notre ère. L'ensemble a une longueur de 19,50 mètres, et la pierre la plus lourde pèse 45 tonnes.

Les Romains

Poursuivant leur marche conquérante, les armées de Jules César atteignent l'Armorique gauloise en 57 avant notre ère.

Les Vénètes, alliés aux autres cités, refusent la soumission. César doit construire une flotte et attaquer par la mer, en 56. C'est un désastre pour les lourds navires vénètes immobilisés faute de vent. La victoire de César entraîne la disparition du commerce vénète et, en interrompant le trafic vers les îles Britanniques, celle de la puissance maritime gauloise de l'Ouest.

L'Armorique appartient désormais au monde romain. La romanisation se fait progressivement dans les limites des anciennes cités. Aux 1er et 2e siècles de notre ère, des villes sont construites : Nantes (Condevincum), Rennes (Condate), Vannes (Darioritum), Carhaix (Vorgium), Corseul — avec leurs temples, théâtres, portiques, riches maisons, égouts et adduction d'eau (encore visible à Carhaix). Elles possèdent leur organisation municipale. Les techniques romaines de la maçonnerie et des tuiles se répandent, même dans les campagnes de l'intérieur où l'on bâtit des *villae* luxueuses, décorées de fresques, de marbres et possédant des bains. Un réseau routier cohérent joint les villes les unes aux autres et les relie au reste de la Gaule. Il n'a pas été remplacé avant le 18e siècle. Des bornes milliaires ont même été préservées (Berrien, Kernilis, Mespaul…).

L'activité économique est essentiellement agricole. La pêche fournit les conserveries et salaisons des ports. On importe des produits destinés au mode de vie romain (la céramique, le marbre, les amphores contenant huile et vin). L'Armorique gallo-romaine exploitait des mines (argent, étain, plomb, zinc).

Ci-contre
Le musée de Bretagne se trouve aujourd'hui aux Champs-Libres de Rennes. Il possède, entre autres, cette rarissime et séduisante statue de déesse gauloise (dite « Brigitte ») qui daterait de la fin du Ier siècle avant notre ère ou du tout début de celui-ci. © Musée de Bretagne, Rennes

Ci-dessus

Contrairement à ce que l'on trouve dans beaucoup de régions qui firent partie de l'Empire romain – de l'Écosse au Proche-Orient –, il reste très peu de vestiges romains spectaculaires en Bretagne, et la *cella* dite « temple de Mars » (Ier siècle) à Corseul n'en est donc que plus précieuse. Pour autant, comme l'écrit le professeur René Marache, « les Romains ont apporté beaucoup, les routes, les villes, le nom des institutions et des dieux, le modèle italien des céramiques de luxe ».

Jules César en Armorique

La Bretagne a eu beaucoup de chance : c'est par la plume d'un grand écrivain, Jules César, qu'elle fait une entrée remarquée en littérature. Ce chef militaire, né à Rome aux environs de l'an 101 avant notre ère, était devenu le conquérant de la Gaule. Dans son livre *De Bello Gallico* (« Commentaires sur la guerre des Gaules »), écrit en l'an 52, César parle de sa conquête de la Bretagne (livre III). Sans doute désireux de se mettre en valeur, il insista beaucoup sur l'habileté des marins vénètes. Une bataille décisive se déroula en 56, au large de l'actuel Morbihan. ■

Corseul, ville romaine…

En 57 avant Jésus-Christ, le territoire des Coriosolites — dont la capitale est Corseul près de Dinan (Côtes-d'Armor) — entre dans l'histoire : Jules César le mentionne dans sa *Guerre des Gaules*. De cette tribu gauloise, nous savons qu'elle frappait monnaie, possédait Jersey et avait des relations commerciales avec le sud de l'Angleterre. Vers l'an 40 avant J.-C., Corseul devient une *civitas* romaine sous le nom — possible mais non certain — de Fanum Martis avant de prendre, vers le 3e siècle, celui de Civitas Coriosolitum.

Pendant quatre siècles, la ville fut un centre gallo-romain de première importance. Cinq voies romaines y aboutissaient, et Corseul entretenait des relations avec une partie de l'Empire — de l'Aquitaine à la Toscane. Elle fut surtout prospère dans la deuxième partie du 1er siècle.

Le déclin commença au début du 4e siècle. Et bientôt Alet (près de l'actuel Saint-Malo) supplanta l'ancienne capitale des Coriosolites. Les Barbares portèrent un coup mortel à la ville qui, semble-t-il, fut incendiée vers l'an 406.

Il reste peu de souvenirs spectaculaires de cette époque. Au fil des siècles, les vestiges romains furent pillés. Quelques fragments (dont une colonne à chapiteau) ont été rassemblés dans les jardins de la mairie. Il en reste quelques autres (tambours de colonnes) dans le jardin des Antiques, rue Lessard. Tout près, musée archéologique (ouvert en saison).

L'église (1838) recèle une pierre tombale gallo-romaine (1er siècle).

À 200 mètres de l'église (sur la route de Saint-Jacut), on verra le terrain de fouilles du Champ-Mulon. Mais le seul élément spectaculaire se trouve à 3,5 kilomètres à l'E. de la mairie, en bordure de la route de Dinan, au village du Haut-Bécherel. Il s'agirait d'une *cella*, dite temple de Mars. Cette tour polygonale, probablement élevée à la fin du 1er siècle, atteste la qualité et la solidité des constructions romaines.

Un nouveau site : Châtillon

Un site gallo-romain (2e et 3e siècles) a été découvert à Noyal-Châtillon (Ille-et-Vilaine) en 1983, ce qui ne surprend pas puisqu'une importante voie romaine y passait. D'importantes fouilles ont eu lieu entre 1984 et 1987.

L'art carolingien et roman

Il reste peu de vestiges de l'époque carolingienne. Des pièces de monnaie, quelques inscriptions sur des stèles… mais aussi un joyau exceptionnel, l'église carolingienne de Saint-Philbert-de-Grand-Lieu (Loire-Atlantique).

Des chapelles de Pléchâtel (Ille-et-Vilaine) et Guer (Morbihan) pourraient remonter au début du 10e siècle. Cependant, il s'agit là d'exceptions, même si l'on admet volontiers que bien des spécimens ont disparu. La plupart de ceux qui restent ont, d'ailleurs, été restaurés, agrandis, voire défigurés. Un clergé béotien a même démoli des églises romanes pour élever à leur place d'impressionnants chefs-d'œuvre… de laideur.

L'aspect robuste et austère des chapelles et églises romanes, ramassées sur elles-mêmes, frappe souvent le visiteur. Les matériaux utilisés (schiste, granit, grès) leur confèrent souvent une sévérité supplémentaire. L'origine des décorations est diverse (arts gréco-romain, nordique, oriental, musulman, irlandais). La décoration géométrique est la plus courante (chevrons, torses, entrelacs, billettes, cercles, festons, damiers et, surtout, crossettes, très fréquentes).

La Bretagne possède un seul spécimen d'architecture civile de cette époque : la maison des Plaids à Dol. Plusieurs châteaux furent construits au 12e siècle, mais il n'en reste, au mieux, que des vestiges.

Ci-dessus
Tout le monde l'appelle « temple de Lanleff », mais c'est bien une église, construite à la fin du 11e siècle.

Page de gauche
Cloître de Daoulas.

De rares vestiges carolingiens et préromans

L'église de Saint-Philbert-de-Grand-Lieu (Loire-Atlantique)

Saint-Philbert est une petite agglomération au S. de l'immense lac de Grand-Lieu. Sa splendide église carolingienne, parvenue pratiquement intacte jusqu'à nous, est l'un des rares édifices de cette époque en France et en Europe.

Cette église se dresse au centre du village, en face d'une petite place ombragée. Il ne faut pas se laisser rebuter par l'extérieur, a priori peu engageant et qui ne se détache guère des bâtiments avoisinants. L'édifice fut désaffecté en 1870 et dut être quelque peu restauré à la fin du 19e. La partie supérieure de la construction a eu à souffrir de cette désaffection, et la toiture actuelle est 3 mètres plus bas qu'elle ne l'était à l'origine. Une grande partie de l'église date de l'époque carolingienne (9e). Le transept remonte à l'année 819. Les Normands incendièrent l'édifice en 847, et la nef

Ci-dessus
La chapelle Saint-Étienne de Guer, une des plus vénérables de Bretagne, fut construite à la charnière des époques carolingienne et romane.

Page de gauche
La splendide église carolingienne de Saint-Philbert-de-Grand-Lieu date du 9e siècle.

ne fut reconstruite qu'au 11e, mais avec ce même appareil faisant alterner la pierre et la brique.

Toute la partie E. de l'édifice a été construite en vue de mettre en valeur le tombeau de saint Philbert et de permettre la rotation des pèlerins autour des reliques. C'est l'un des rares et des plus anciens exemples de crypte haute avec déambulatoire. La nef est la partie la plus importante de l'édifice : une double rangée de piliers massifs soutient des chapiteaux de pierre.

Situé entre l'abbatiale et la rivière Boulogne, le jardin médiéval monastique, dit jardin des simples, est d'un grand intérêt.

La chapelle Saint-Étienne de Guer (Morbihan)

La chapelle Saint-Étienne de Guer (prendre la route de Malestroit, puis tourner à droite sur la V 7) comprend une simple salle rectangulaire ; on note l'extrémité supérieure du pignon E. (ornementation de briques). C'est une des plus anciennes de Bretagne puisqu'elle daterait de la fin de l'époque carolingienne (10e).

Les hauts lieux de la Bretagne romane

Ci-dessus
Église romane de Lanleff.

Page de droite
La crypte (romane, voire préromane) de l'église de Lanmeur abritait autrefois le tombeau de Mélar, son saint patron.

DAOULAS (Finistère)

L'église — qui fut autrefois abbatiale — a été construite, à partir de 1167, sur les vestiges d'une abbaye beaucoup plus ancienne. Mais elle fut souvent modifiée ensuite et largement restaurée — dans le style roman — vers 1877, époque où l'on déplaça même quelques monuments. La façade O., le bas-côté N. et la nef à sept travées constituent, pour l'essentiel, les parties du 12e.

Le cloître (1170 environ) a été remonté et complété lors de la restauration du 19e (certains éléments sont donc, en fait, des copies). C'est un exceptionnel témoin de l'art roman breton de cette époque (seconde moitié du 12e), avec ses colonnettes et ses magnifiques chapiteaux de kersanton. Au centre, une vasque aux ablutions, de forme octogonale, est ornée de riches motifs géométriques ; elle paraît être d'influence normande. À l'E. du cloître, apparaît le mur de la salle capitulaire avec deux fenêtres romanes géminées.

LANLEFF (Côtes-d'Armor)

Il ne reste plus que des ruines du « temple » circulaire en granit rose de Lanleff, mais ces vestiges sont intéres-

sants à plus d'un titre. Le « temple », tel qu'il se présente actuellement, comprend une rotonde centrale avec douze arcades en plein cintre, un bas-côté également circulaire avec des fenêtres aux meurtrières et une absidiole typiquement romane puisque la voûte est en cul-de-four.

Il s'agit d'une église bâtie, vers la fin du 11e — époque des croisades — sur le modèle du Saint-Sépulcre de Jérusalem.

LANMEUR (Finistère)

Ce bourg est construit à l'emplacement de l'ancienne Kerfeunteun, ou ville de la fontaine, détruite par les Normands au 9e. Il y a encore aujourd'hui des restes de cette ancienne ville, en particulier une crypte d'époque romane, voire préromane, dans le soubassement de l'église actuelle de 1904 (sauf le clocher 18e). Cette crypte est unique en Bretagne.

LOCTUDY (Finistère)

Cette station abrite l'église romane la mieux préservée de Bretagne. Il ne faut pas se laisser rebuter par sa façade et son clocher : ils datent de 1760. Mais le chœur voûté en cul-de-four, le déambulatoire, voûté d'arêtes, et les absidioles, sont du plus bel effet. La nef, éclairée par des fenêtres hautes, a des piles cruciformes.

Les chapiteaux, ornés de crossettes, palmettes et spirales mais aussi de croix, d'animaux et de personnages sont une réinterprétation dans le granit du chapiteau classique corinthien. Sur plusieurs bases, apparaissent des hommes et des femmes entièrement nus.

L'édifice, du début du 12e — mais restauré de 1845 à 1888 —, a subi l'influence de l'abbaye bénédictine de Saint-Gildas-de-Rhuys dont il dépendait, et par là, de l'art de la Loire.

MERLEVENEZ (Morbihan)

Comme plusieurs communes de la « poche de Lorient », celle-ci a subi les atteintes de la dernière guerre. Pourtant, elle conserve une église romane qui a été restaurée de 1946 à 1960. Les portails de l'édifice sont romans ; le clocher du 14e a dû être reconstruit. À l'intérieur, on verra les arcades de la nef avec leurs chapiteaux romans finement décorés. La croisée du transept est couverte d'une belle coupole sur trompes d'un roman tardif.

PLOËRDUT (Morbihan)

Il ne faut pas se laisser rebuter par l'extérieur de l'église, où se retrouvent toutes les époques, du 13e au 19e. Car l'intérieur recèle une nef romane à huit travées, dont les chapiteaux cubiques — spécialité de l'ouest du Morbihan — sont décorés de motifs géométriques (volutes, damiers, courbes, bâtons rompus). Le sanctuaire comporte un ossuaire d'attache.

QUIMPERLÉ (Finistère)

L'église Sainte-Croix, l'ancienne abbatiale, est un joyau d'architecture romane. Elle fut élevée en 1083, mais il fallut la rebâtir au 19e quand la chute du clocher central la détruisit presque complètement. La restauration (1864-1868) en fut soignée et restitue bien l'église telle qu'elle était jadis. Le plan circulaire de l'édifice imite le Saint-Sépulcre de Jérusalem. Elle comprend une rotonde sur laquelle donnent un porche et trois absidioles. L'abside a résisté aux avanies du temps. C'est sans doute la plus belle de Bretagne, avec ses fenêtres, ses arcades, ses piliers et ses chapiteaux. La crypte (11e) est intacte ; ses chapiteaux décorés comme ceux du chœur sont remarquables.

Page de gauche
Église romane de Merlévenez.

Ci-dessous
Crypte romane (11e) de l'église Sainte-Croix de Quimperlé.

Ci-contre
Chevet roman de Saint-Gildas-de-Rhuys.

Page de droite
Clocher roman (12e) de l'église Saint-Sauveur de Redon .

Les romans arthuriens

Si l'on en croit la tradition, Arthur serait né vers 475 aux confins de l'Écosse et de l'actuelle Cumbria (nord de l'Angleterre). Il serait devenu le chef des tribus bretonnes du Nord dans les dernières années du 5e siècle, puis il organisa la résistance contre l'envahisseur saxon. Ses exploits ont pris, au fil des siècles, une dimension légendaire, et même mythique.

Les bardes gallois, en particulier, ont magnifié les aventures du roi Arthur, et c'est à l'époque romane que son nom devint populaire à travers toute l'Europe, grâce à des écrivains comme Geoffroy de Monmouth, Robert Wace et Chrétien de Troyes. Dans les superbes romans de ce dernier (dont on ignore presque tout) on retrouve la forêt de Brocéliande, la fontaine de Barenton… et le roi Arthur. La « Bretagne » de l'écrivain est évidemment une Bretagne de composition, revue et corrigée par l'imagination de l'artiste. Et, du coup, la forêt de Brocéliande (Paimpont) est devenue un haut lieu de l'imaginaire arthurien.

REDON (Ille-et-Vilaine)

L'église Saint-Sauveur fut jadis celle de l'abbaye bénédictine. Son clocher central date du 12e. Il possède trois étages d'arcatures à angles arrondis. C'est le seul clocher roman de cette importance en Bretagne et probablement le seul clocher roman de France à angles arrondis. À l'extérieur, l'abside est flanquée d'une chapelle fortifiée du 15e. Le clocher gothique (14e), isolé de l'église depuis un incendie du 18e, donne une idée de l'importance de la nef de l'édifice roman, le plus grand de Bretagne. L'intérieur du sanctuaire montre également que l'église fut remaniée au fil des siècles : la longue nef, le carré du transept et quelques fresques sont romans, le chœur du 13e (noter l'exceptionnel triforium). Sous le clocher, une coupole sur trompes, rare en Bretagne, couvre la croisée du transept.

Un des meilleurs endroits pour admirer le clocher roman de l'église Saint-Sauveur est le cloître du lycée Saint-Sauveur.

SAINT-GILDAS-DE-RHUYS (Morbihan)

Au 10e siècle, le premier monastère fut pillé par des pirates normands. Au siècle suivant, à la demande du duc Geoffroi Ier, l'abbaye fut reconstruite par un moine, Félix, que l'on arracha à son ermitage d'Ouessant. Le célèbre Abélard vécut ici pendant une dizaine d'années au 12e siècle.

L'église, remaniée au 17e par les bénédictins, a gardé quelques éléments de l'abbatiale des 11e et 12e : le chœur, le transept, des chapiteaux et des tombeaux. On a transformé en bénitiers des chapiteaux romans. À la sacristie, remarquable trésor.

SAINT-GILDAS-DES-BOIS (Loire-Atlantique)

Cette agglomération — jadis située sur la voie romaine de Vannes à Blain — s'appelait Lampridic quand, au début du 11e siècle, le seigneur de La Roche-Bernard décida d'y créer une abbaye bénédictine. L'actuelle église paroissiale en est l'ancienne abbatiale. C'est un beau sanctuaire des 12e et, surtout, 13e. Le croisillon N., les murs du chœur et la nef sont du 12e ; le reste de l'édifice semble à la charnière du roman et du gothique. Mais l'église fut très remaniée au fil des siècles, et surtout au 19e. Bombardé en 1944, l'édifice a été restauré vers 1950.

SOUVENIRS · PRODUITS RÉGIONAUX

De l'art gothique à la Renaissance

L'art gothique apparaît, dès la fin du 12e siècle, venant de la Loire (voûte de Saint-Malo) et surtout de Normandie et d'Angleterre par la mer.

Page de gauche
Pleyben : calvaire (*c.* 1555), à l'intérieur de l'enclos paroissial.

Ci-dessous
Cloître de Tréguier (1450-1479).

Cathédrales, abbayes et chapelles plus modestes se dressent avec des caractères dont certains vont marquer longtemps l'architecture bretonne : grand chœur terminé par un chevet plat, encadré de murs épais creusés de profondes fenêtres (pointe Saint-Mathieu, Saint-Malo), compartimentage géométrique par de fortes moulures, des piliers, des surfaces des murs et des grandes tours rigides qui encadrent le vaste porche (Dol, Saint-Herbot, Saint-Pol-de-Léon, Pont-Croix). À noter de rarissimes fresques

Ci-dessus à gauche
Enclos paroissial de Sizun, avec son église (début 16e), son ossuaire et ce qui est son chef-d'œuvre, la porte triomphale.

Ci-dessus à droite
Commana : la belle église recèle des retables, des statues, un Ecce Homo et un baldaquin de fonts baptismaux portés par cinq femmes représentant les vertus chrétiennes.

Page de droite
L'intérieur de l'église Notre-Dame de Roscudon, à Pontcroix, possède des arcatures en plein cintre d'une élégance exceptionnelle.

(légende de saint Gilles) du début du 13e au Loroux-Bottereau (Loire-Atlantique).

Aux 15e et 16e siècles, le gothique flamboyant s'épanouit dans l'art des chapelles disséminées, par centaines, dans la campagne. Elles assurent la permanence du caractère sacré ancré dans certains lieux (fontaine, sommet de colline), objets de la piété populaire.

Ne nous faisons pas d'illusions : elles ne sont pas l'œuvre des paysans. Art original d'une principauté, elles ont été construites soit par les ducs avec un souci de publicité qui se manifeste dans les armoiries sculptées sur les façades (Le Folgoët, Locronan), soit par les grandes familles dans le même but, soit encore par les riches marchands des centres du commerce maritime (Penmarc'h, Morlaix, Locronan). Elles ont été réalisées par quelques ateliers spécialisés qui se déplaçaient à travers la Bretagne. Cela explique les éléments communs caractéristiques de cet art, mais aussi sa grande variété. Les édifices les plus accomplis sont, assurément, Le Folgoët et Kernascléden. Parfois jumelée à une chapelle plus petite, l'église est fermée à l'est par un chevet plat percé d'une grande vitre ou, à la fin du 15e, par ce chevet à trois pignons qui se répand à partir d'un atelier morlaisien.

La nef, d'aspect sobre, est presque toujours couverte d'une charpente de bois, aux poutres et aux sablières sculptées.

Elle est séparée de l'unique bas-côté sud par de grands arcs brisés à pénétration, c'est-à-dire dont les nervures

viennent mourir délicatement dans les piliers sans chapiteau. Le mur du bas-côté est percé de larges fenêtres ; celles-ci assurent l'éclairage et donnent au sanctuaire cette allure extérieure particulière de dents de scie de granit tranchant sur la grande toiture d'ardoises. Un vaste porche, orné à l'intérieur des statues des apôtres, le flanque au sud. Le type de la chapelle basse, enveloppée par sa toiture et percée d'ouvertures trapues, est le plus répandu.

Mais il existe aussi, dans les villes et à l'est, bon nombre d'églises hautes aux minces piliers créant un effet d'espace (Saint-Jean-du-Doigt, Grâces-Guingamp, Ploërmel, Vitré, Penmarc'h). Le clocher est soit une tour de tradition anglo-normande — souvent surmontée d'une flèche ajourée qu'entourent clochetons et balustrade (Saint-Pol-de-Léon) —, soit un clocher plus modeste reposant sur le mur-pignon, échafaudant balustrade et clochetons avec légèreté, et flanqué d'une tourelle d'escalier. L'église est, en général, accompagnée d'un ossuaire et d'un calvaire, parfois d'une fontaine (Saint-Nicodème) qui composent l'enclos paroissial. L'utilisation du kersanton (roche basaltique au grain très fin) a permis une sculpture fouillée et élégante (statues et feuillages du Folgoët et de Kernascléden). Des chancels et jubés séparent encore, dans certaines églises, la nef du chœur (Saint-Fiacre-du-Faouët, Belle-Isle-en-Terre, Loc-Envel, Kerfons).

Totalement intégré à la Bretagne et réinterprété par la tradition régionale, l'art gothique flamboyant resta longtemps le moyen d'expression privilégié de la création architecturale. Sans doute répondait-il à la permanence d'aspirations religieuses profondes de la population, mais aussi à un ensemble de structures sociales et économiques, mentales et culturelles. Ainsi, les formules mises au point au 15e siècle furent reproduites jusqu'au 18e siècle dans les campagnes. Captées par des couches de plus en plus profondes de la population, elles devinrent véritablement un art populaire.

La Renaissance apparaît, dès le début du 16e siècle, en pleine activité du gothique flamboyant. Pendant que Guingamp et Landivisiau par exemple, s'agrémentent du décor de pilastres et de candélabres des châteaux de la Loire, des retables, statues (Vierge immaculée), vitraux

Ci-dessus
La chapelle Notre-Dame du Kreizker, à Saint-Pol-de-Léon, possède une flèche qui culmine à 78 m. La force de ce clocher réside dans son assise sur quatre clochetons très fins.

(La Martyre, Moncontour) sont importés d'Allemagne et d'Italie, ou imités (Champeaux, Dol). Mais à partir de la fin du 16e et pendant tout le 17e, se développe — surtout dans le Léon — une prodigieuse adaptation de la Renaissance classique. La bourgeoisie marchande — qui a pris le relais de la haute aristocratie, désormais tournée vers la France — élève les enclos paroissiaux.

La structure architecturale de l'église reste celle des siècles passés, mais elle s'agrémente d'un nouveau décor parisien. Il en est de même du porche, du grand calvaire, de la porte triomphale (Berven, Sizun, Saint-Thégonnec) et de l'ossuaire, qui s'entassent avec splendeur. Les artisans traduisent dans le granit les frontons classiques, les colonnes baguées, les cariatides gainées (La Martyre) qu'ils ont vus dans les livres d'architecture de Philibert Delorme, bâtisseur des Tuileries ou de Jacques Androuet du Cerceau (1566). La grande tour se coiffe de dômes et de lanternons (Pleyben), de même que le frêle clocher du pignon (Roscoff, Sainte-Marie-du-Ménez-Hom).

À l'intérieur des édifices, les fabriques installent un mobilier exceptionnel (aux 17e et 18e). Influencé par les missions et les prédications des jésuites, par les constructions classiques des villes et les retables lavallois (Sizun), un grand décor intérieur maniériste ou baroque, plantureux et coloré, monte à l'assaut du chœur et des chapelles latérales. Certains ensembles sont d'une richesse extraordinaire (Commana, Bodilis, Saint-Ségal, Brasparts). Les statues de saints — dont certains ont été importés par les missions (sainte Anne, Sainte Famille) —, aux costumes baroques, et les madones à l'italienne ornent niches et retables. La poutre de gloire, richement ornée, remplace le jubé détruit pour des raisons de réforme liturgique.

Les principaux enclos paroissiaux du Finistère

COMMANA

La lourde porte du cimetière est ornée de lanternons comme la sacristie de 1701 à l'angle S.-E. La chapelle-ossuaire est de 1686. L'église (16e-17e) possède un clocher carré à flèche de pierre (1592). Le porche méridional (1650 environ) est un bel exemple de la Renaissance bretonne. L'intérieur recèle le retable de Sainte-Anne (1682) qui représente la sainte en compagnie de Marie et de Jésus. Les amateurs de luxuriance baroque voient en lui un des plus beaux retables du Léon. À droite, retable du Rosaire et retable des Cinq-Plaies. Outre diverses statues et un Ecce Homo en bois, on remarquera le baldaquin des fonts baptismaux porté par cinq femmes représentant les vertus chrétiennes.

Ci-dessus
Le retable de Sainte-Anne (1682), à Commana, brille de toutes ses dorures et de toutes ses couleurs.

Commana : la vallée d'Ana ?

Le nom Commana signifie peut-être la vallée d'Ana. Le mot *komm* (qui, aujourd'hui, veut dire une auge) avait jadis le sens de vallée (ce serait l'équivalent de l'ancien français combe). Quant à Ana, il s'agirait de la déesse celte Ana (ou Dana). On sait qu'en Bretagne s'est développée la légende de sainte Anne. Selon cette tradition, Anne, la mère de la Vierge, serait née en Bretagne. Devenue veuve, elle se rendit en Palestine et convola en justes noces. Après avoir donné naissance à Marie, elle regagna l'Armorique… où, d'ailleurs, Jésus vint la voir. Il semble qu'il y ait eu fusion entre deux cultes : le culte récent de sainte Anne (nom qui ne figure pas dans le Nouveau Testament), venu d'Orient à l'époque des croisades, et celui de la déesse celte Ana. Ce qui n'exclut pas des origines plus complexes et plus lointaines.

Page de droite
Les poutres de gloire sont apparues après la réforme liturgique du concile de Trente, quand l'Église décida de rapprocher les croyants du clergé. Celle de Lampaul-Guimiliau (15e-16e) est simplement ornée d'une crucifixion, accompagnée de statues de Marie et de Jean.

Ci-dessous
L'enclos de Guimiliau est un des plus beaux de Bretagne.

GUIMILIAU

Le visiteur pénètre dans l'enclos par une porte triomphale. À droite se dresse le grand calvaire, très riche (fin du 16e) : le nombre des personnages est, en effet, supérieur à 200. Il raconte, sans ordre chronologique, la vie du Christ, en plusieurs épisodes et en costumes du 16e, selon les habitudes de l'époque.

La chapelle funéraire, du milieu du 17e, possède une chaire extérieure qui servait aux homélies de plein air, en particulier au jour des morts.

Le porche méridional (1606), qui s'ouvre en hors-d'œuvre, est caractéristique de la Renaissance léonarde.

L'église est un bon exemple de gothique flamboyant breton, agrémenté de quelques détails Renaissance, mais elle contient un remarquable mobilier de la fin du 17e, correspondant au développement de la Contre-Réforme catholique. Le baptistère, à gauche (1675), est un chef-d'œuvre du baroque.

LAMPAUL-GUIMILIAU

C'est le cimetière qui constitue le centre de l'enclos. Il s'ouvre par une porte en plein cintre, surmontée des trois croix (1668), et contre laquelle s'appuie la chapelle-ossuaire (1667). Au milieu de l'enclos se dresse un calvaire d'une grande sobriété (16e).

De structure gothique ornée de motifs de la Renaissance, l'église est flanquée, sur sa façade occidentale, d'une tour-clocher (1573) dont la flèche fut victime de la foudre en 1809. La nef et le bas-côté S., aux baies ornées de chimères et d'animaux imaginaires, datent de la première moitié du 16e et sont de style gothique flamboyant (à l'exception des contreforts). Le porche méridional (1533) abrite, selon la tradition, les douze apôtres.

L'intérieur renferme trois purs joyaux. C'est, d'abord, la poutre de gloire (16e), naturellement ornée d'un crucifix et de statues de la Vierge et de saint Jean. Le retable de l'autel Saint-Jean-Baptiste représente, entre autres, la vie du saint et des épisodes de celle du Christ. Sur les bas-reliefs latéraux, on remarque la chute des anges. Le retable de l'autel de la Passion est à huit compartiments ; les personnages en sont parfois saisissants de vérité. Les deux panneaux latéraux sont remarquables.

Dans le bas-côté droit, cuve baptismale à baldaquin (1651). À gauche, Pietà (1530) dont les six personnages sont sculptés dans le même morceau de bois. Non loin, l'impressionnante Mise au Tombeau (1676), une des plus belles de Bretagne, fut réalisée par un sculpteur de la marine de Brest, originaire d'Auvergne.

LA MARTYRE

À l'entrée de l'enclos se dresse un arc triomphal (15e), surmonté d'une plate-forme et d'un calvaire du 16e. Le porche (1450 environ) — très fragile — raconte la vie du Christ avec des détails de la vie de l'époque, et l'effigie réaliste du donateur. Au tympan, tardive représentation de Marie alitée ; piédroits et voussures grouillent d'angelots et de personnages. Ce porche recèle un bénitier à l'Ankou (1601). L'ossuaire date de 1619 et fut construit en fine pierre de kersanton.

Le long du mur extérieur, on voit une cariatide gainée, sortie tout droit des livres d'architecture de la Renaissance française.

À l'intérieur de l'église, on est frappé par l'absence totale d'unité architecturale.

Ci-dessous
Enclos paroissial de La Martyre. L'image montre l'église, derrière l'arc triomphal (15e) surmonté d'une plate-forme et d'un calvaire.

PLEYBEN

L'église (1564, restaurée à la fin du 19e) possède deux clochers. L'un, avec une flèche gothique toute de finesse et de dynamisme, est relié à une tourelle d'escalier (surmonté d'un clocheton) par une passerelle ; l'autre est moins aérien.

Cette tour-clocher Renaissance, adaptation de la grande tour anglo-normande au nouveau style (commencée en 1588 et terminée en 1642), est surmontée d'un dôme à lanternons. Elle allait servir de prototype à de nombreux clochers bretons. En faction

sous le porche, les apôtres accueillent les visiteurs. La sacristie (1719) est dominée par une coupole à lanterne et des voûtes en cul-de-four.

Malgré l'intérêt de l'église, c'est surtout le calvaire (vers 1555, restauré en 1650) qui constitue le chef-d'œuvre de Pleyben.

La porte monumentale est de 1725.

Loin des sentiers battus : les joyaux du Faouët

Le visiteur avisé le sait : certains joyaux se nichent au diable-vauvert. C'est le cas, par exemple, au Faouët (où les halles du 16e méritent le coup d'œil), au sud-est de Gourin. Deux belles chapelles sont perdues dans la campagne vallonnée et verdoyante. La première, Saint-Fiacre (fin 15e), recèle un exceptionnel jubé. Plus pittoresque et comme irréelle, la chapelle Sainte-Barbe (fin 15e-début 16e) demande un effort supplémentaire. Le visiteur peut s'y rendre par un chemin abrupt accroché dans l'anfractuosité de sa roche à pic, dans la lumière tamisée et changeante d'un site boisé. En contrebas court l'Ellé, dans un frais parcours d'eaux vives. ■

Ci-dessous
Enclos paroissial de Pleyben.

Ci-dessus
Saint-Thégonnec : cette Mise au tombeau (1699 environ) se trouve dans la chapelle funéraire.

SAINT-THÉGONNEC

L'enclos s'ouvre majestueusement par une porte triomphale (1587), formée de quatre massifs de granit surmontés de lanternons. Le calvaire (1610) est le dernier des grands calvaires du Léon. Il comprend un simple socle et trois croix (la croix centrale, chargée de personnages, d'anges et de cavaliers, est à double traverse).

À proximité se trouve la chapelle funéraire (ou ossuaire). Elle fut construite, de 1676 à 1682. L'ornementation de la façade est un remarquable exemple de la Renaissance bretonne. À l'intérieur, une crypte abrite une Mise au tombeau (1699 environ), composée de personnages peints, grandeur nature. La chapelle funéraire héberge aujourd'hui le trésor.

Un grave incendie a détérioré l'intérieur du sanctuaire en juin 1998. Il a, bien sûr, été en grande partie restauré, comme l'a été le parlement de Bretagne (victime, lui aussi, d'un incendie).

On entre dans l'église par un porche Renaissance (1625). La tour-clocher (1599-1610) dresse son altière silhouette Renaissance. Le clocher du pignon O. est la partie la plus ancienne, puisqu'il date de 1563. L'intérieur de l'église déçoit quelque peu ; il est vrai que la nef et le chœur furent modifiés au début du 18e siècle. Mais le mobilier liturgique, représentatif de la Contre-Réforme, est remarquable. Ainsi la chaire mérite un examen détaillé : elle date de 1683 et 1722.

Miraculeusement préservé, le retable du Rosaire (1697) montre, entre autres scènes, saint Dominique et sainte Catherine recevant le Rosaire. L'orgue, au fond de la nef, a subi quelques dégâts. Le retable Notre-Dame-de-Vray-Secours a été restauré.

SIZUN

Le chef-d'œuvre est probablement la porte triomphale (1588-1590). C'est un exemple unique, fait de trois arcades en plein cintre. La plate-forme à balustrade et à lanternons est supportée par des colonnes corinthiennes. Un autel et un calvaire surmontent le tout.

L'ossuaire (1585-1588), également très soigné, est à deux registres. La partie supérieure représente des apôtres, en faction dans des niches séparées de leurs voisines par des pilastres à cannelures. La partie inférieure est ornée de petites fenêtres cintrées et de cariatides peuplées de personnages tout en fantaisie.

La flèche octogonale (1723-1735), haute d'une soixantaine de mètres, de l'église Saint-Sulliau (16e-18e) rappelle le Kreizkêr de Saint-Pol. Le grand porche flamboyant est du début 16e.

Ci-dessous
Sizun : porte triomphale de l'enclos paroissial (1588-1590).

Trois chefs-d'œuvre de l'art gothique

LE FOLGOËT (Finistère)

La basilique du Folgoët se dresse à 2 kilomètres au S. de Lesneven. C'est un lieu de pèlerinage renommé depuis le 15e siècle, et l'un des plus beaux édifices religieux en gothique flamboyant de la Bretagne.

La basilique a été construite de 1422 à 1460. On note à l'extérieur, la tour N., seule achevée, et dans la lignée de Saint-Pierre de Caen. Remarquable jubé de kersanton à l'intérieur.

Ci-dessous Le Folgoët. Cette superbe basilique, commencée dans la deuxième partie du 14e siècle, ne fut terminée qu'au 15e.

Le Fou du Bois

Le Folgoët, en français le Fou du Bois, c'est Salaün, ou Salomon, un simple d'esprit dont on se moquait à l'envi. Il vivait seul dans les bois, couchait à la belle étoile et vivait d'aumônes. Après sa mort (vers 1358), on vit un lys fleurir sur sa tombe… et, en dégageant la terre, on constata que la fleur prenait racine dans la bouche de Salaün. Telle est l'origine légendaire de la basilique du Folgoët. Certains faits donnent à cette histoire un autre éclairage. Le duc de Montfort, déjà auréolé de prestige dans le sud de la Bretagne, cherchait, après la bataille d'Auray (1364), à se faire également reconnaître dans le nord, et il décida de faire construire cette basilique. ■

Ci-dessus à gauche
L'église de Kernascléden est une des plus étonnantes de Bretagne, en raison notamment de ses peintures qui couvrent les voûtes des croisillons nord et sud et du chœur.

Ci-dessus à droite
Cathédrale Saint-Tugdual de Tréguier (14e et 15e), un des chefs-d'œuvre de l'art gothique breton. « Nulle part, écrit Maurice Le Lannou, le granit, pierre ingrate, n'a été mieux asservi par les pieux architectes » (encore qu'il ne soit pas sûr qu'ils aient été si pieux).

KERNASCLÉDEN (Morbihan)

Admirable monument de gothique flamboyant, l'église Notre-Dame de Kernascléden est l'un des chefs-d'œuvre de l'art breton. L'édifice est très caractéristique avec le clocher du pignon, le développement de la façade S. avec sa vaste rose et ses deux porches, et le grand chevet plat percé d'une maîtresse vitre.

Partout, la pierre est fouillée, dentelée, festonnée. Même finesse du décor dans les porches, dont l'un abrite les statues des apôtres, ou dans les balustrades et contreforts ornés de niches, de pinacles et de gargouilles. À l'intérieur, les arcs à pénétration flamboyants soutiennent une des rares voûtes de Bretagne, mais ce qui est exceptionnel à Kernascléden, ce sont les peintures qui couvrent les voûtes du croisillon N. (anges musiciens et Ascension) et, surtout, du chœur (scènes de la vie de Marie et de Jésus).

Ces peintures — qu'on regrette de ne pouvoir apprécier de plus près — constituent un riche exemple de l'art français du 15e. Celles du croisillon S. sont moins belles, mais plus surprenantes. Il s'agit, cette fois, de saisissants fragments, découverts aux environs de 1912, d'une danse macabre et d'une représentation de l'Enfer.

TRÉGUIER (Côtes-d'Armor)

La cathédrale Saint-Tugdual date des 14e et 15e. Elle a une forme de croix latine et mesure 75 mètres de long et 17,45 mètres de large. Sa hauteur sous voûte est de 18 mètres et le clocher (dont la fine flèche en pierre ajourée date du 18e) atteint les 63 mètres. C'est un des plus beaux édifices gothiques bretons.

Dans le croisillon S. du sanctuaire, groupe en bois sculpté représentant saint Yves entre le pauvre et le riche. Dans le chœur, on admirera les 46 stalles Renaissance (1509). Il ne faut pas quitter la cathédrale sans un dernier regard pour cette nef d'une rare pureté et, plus encore peut-être, pour ce sublime envol des colonnettes à la croisée du transept.

Le cloître (1450-1479), de style gothique rayonnant, forme une admirable dentelle de pierre. Les galeries s'ajourent de 46 arcades qu'une colonnette centrale, surmontée d'un quatrefeuilles, divise en deux baies trilobées. Ce cloître abrite divers tombeaux (dont un gisant du 13e) et sculptures.

Les monastères

La Bretagne a été surnommée « La terre des prêtres », et il est vrai que, pendant quelque 1500 ans, son histoire fut liée à celle de l'Église. Peu de régions d'Europe possèdent autant de calvaires et de chapelles. Aujourd'hui encore, quelques moines maintiennent intacte, ici et là, une tradition monastique ancestrale.

Ci-contre
Moine de La Meilleraye, au sud de Châteaubriant.

Ci-dessous
Fondée dans la première partie du 12e siècle, l'abbaye de Boquen a eu une histoire agitée.

BOQUEN (Côtes-d'Armor)

La fondation de l'abbaye, située à Plénée-Jugon, remonte à 1137. Elle servit de carrière à la Révolution.

Le couvent se relève en 1936 avec l'arrivée de dom Alexis Presse (1883-1965) et de ses compagnons. Aujourd'hui, le sanctuaire du 12e a repris son allure d'origine. Du cloître, il reste de beaux chapiteaux — caractéristiques du roman breton. La façade de la salle capitulaire comporte des fenêtres à ogives (13e).

KERGONAN (Morbihan)

Les abbayes Sainte-Anne (bénédictins) et Saint-Michel (bénédictines) ont été créées à Plouharnel en 1897-1898. Elles attirent les amateurs de chant grégorien.

LANDÉVENNEC (Finistère)

Entourée de verdure et de bois (hêtres, pins, châtaigniers et même palmiers), baignée par l'Aulne qui l'enserre dans une boucle avant de se jeter dans la rade de Brest, la presqu'île de Landévennec séduit par la douceur de son climat et la beauté de son paysage.

En 913, les Normands détruisirent le premier monastère. Il fut rebâti et devint un des hauts lieux spirituels et intellectuels de Bretagne. Son rayonnement fut, pendant des siècles, considérable. La Révolution vint y mettre un terme. Sous l'impulsion de l'abbé Perrot, un renouveau d'intérêt pour l'abbaye apparaît dès 1935. En 1950, les bénédictins de Kerbénéat achètent Landévennec et décident de reconstruire le monastère.

De l'ancienne abbaye, il reste — sur place ou au musée — quelques vestiges préromans, mais l'essentiel est du 11e.

Page de droite, en haut
Landévennec fut sans doute un des premières abbayes de Bretagne. Les bâtiments actuels datent de sa reconstruction au 20e siècle ; il reste peu de vestiges anciens, mais le site est admirable.

Page de droite, en bas
Bénédictines de Saint-Michel de Kergonan.

Ci-dessous
L'abbaye bénédictine Sainte-Anne de Kergonan est un des hauts lieux du chant grégorien.

Une terre de moines

Si la Bretagne compte aujourd'hui moins de dix monastères en activité, il n'en fut pas toujours ainsi, comme en témoignent de nombreux vestiges, plus ou moins bien conservés, aux quatre coins de la péninsule. C'est le cas, par exemple de Saint-Mathieu et Saint-Maurice-de-Carnoët dans le Finistère, de Beauport, Bon-Repos (en cours de rénovation) et Léhon dans les Côtes-d'Armor, de Saint-Gildas-du-Rhuys dans le Morbihan, de Saint-Sulpice-la-Forêt en Ille-et-Vilaine, et de Buzay en Loire-Atlantique. Certains de ces monastères, dont il ne reste parfois que quelques pierres, ont joué un grand rôle dans l'histoire religieuse et intellectuelle de l'Armorique. À noter, pour l'anecdote, que l'abbaye de Léhon, près de Dinan, est le cadre d'un roman populaire, *Le Trésor de l'abbaye* (1876, toujours réédité) de Raoul de Navery (qui, malgré son nom, était une femme, née à Ploërmel en 1829).

L'imprimerie en Bretagne

L'imprimerie est apparue en Bretagne en 1484, à l'initiative de Jean de Rohan, qui fit venir deux maîtres imprimeurs sur ses terres, à Bréhan (Morbihan), près de l'actuelle abbaye de Timadeuc. On retrouve d'autres activités d'imprimerie, vers la même époque, à l'abbaye de Lanténac – non loin de Bréhan –, à Tréguier, Rennes et Nantes. Il existe une vingtaine d'incunables bretons. Le plus célèbre, le *Catholicon* (œuvre de Jehan Legadeuc) fut imprimé à Tréguier en 1499. À noter qu'un des tout premiers imprimeurs de Bruges, haut lieu de cette activité, était Jean Brulelou, alias Jean Brito, né à Pipriac (Ille-et-Vilaine) vers 1418, mort en 1484. ■

LANGONNET (Morbihan)

L'abbaye de Langonnet s'élève au sommet d'un vallon boisé. Fondé en 1136, cet ancien monastère cistercien est à présent occupé par les pères du Saint-Esprit. Les bâtiments, reconstruits aux 17e et 18e, abritent un petit musée colonial. Il reste de l'ancienne abbaye une remarquable salle capitulaire du 13e, voûtée d'ogives.

LA MEILLERAYE-DE-BRETAGNE (Loire-Atlantique)

L'abbaye de Meilleraye (ou Melleray), fut fondée vers le milieu du 12e par des moines cisterciens, mais la plupart des bâtiments actuels datent des 18e et 19e. L'église abbatiale, uniquement visible lors des offices du dimanche, possède une architecture sobre et classique avec un clocher du 14e.

TIMADEUC (Morbihan)

L'abbaye cistercienne Notre-Dame de Timadeuc fut fondée en 1841 sur la commune de Bréhan, près de Rohan. L'église date de 1898, mais la plupart des bâtiments sont plus récents.

À noter que des cisterciennes se sont établies à Campénéac en 1953.

Page de gauche
Réfectoire de l'abbaye cistercienne de Timadeuc.

Ci-dessous à gauche
Salle capitulaire (13e) de Langonnet.

Ci-dessous à droite
Bibliothèque de Timadeuc.

Les châteaux

L'art breton n'est pas seulement un art religieux, même si celui-ci s'est manifesté en Bretagne avec plus d'éclat qu'ailleurs. Il suffit de se promener dans la région pour le remarquer : toute la péninsule armoricaine est également ponctuée de remarquables châteaux, dont la plupart ont été construits au Moyen Âge et à l'époque de la Renaissance.

Ci-contre
Une des façades du château de Josselin domine le cours de l'Oust.

Ci-dessous
Château de la Hunaudaye .

Au Moyen Âge, un réseau de forteresses aux hautes tours est apparu à l'est (Vitré, Grand-Fougeray), à l'intérieur (Elven-Largoët, Tonquédec, Josselin) et sur la côte (Saint-Malo, Fort-la-Latte, Hennebont, Concarneau, Pornic). Puis de nouvelles fortifications s'adaptèrent à l'artillerie, à la fin du 15e siècle (Guingamp, Nantes, Dinan), tandis que fleurissait le style Louis XII dans les logis intérieurs (Nantes, Josselin). De grands manoirs aux lignes sobres, ornés d'une tourelle en façade, s'égrenèrent à travers la campagne.

Elven : un château littéraire

Les jeunes lectrices tombaient en pâmoison quand le Normand Octave Feuillet (1821-1890), dans son *Roman d'un jeune homme pauvre* (1858), faisait sauter Maxime, son héros, du haut des tours d'Elven. Il voulait ainsi sauver la réputation d'une jeune fille enfermée avec lui dans le donjon. Les mœurs ont bien changé, le roman de Feuillet a pris quelques rides, mais le donjon est toujours là. Quelques années auparavant, Auguste de Kératry (1769-1859), un Rennais, avait déjà utilisé le décor romantique d'Elven dans son roman *Le Dernier des Beaumanoir* (1824). ■

Ci-contre
Tour ronde du château d'Elven-Largoët. À la fois forteresse et habitation, elle comprend, sur plusieurs étages, de vastes salles, de petites pièces et une chapelle.

À la fin du 16e et 17e, on assiste à une renaissance du grand château. Avec ses grands pavillons carrés couverts d'ardoises, sa silhouette aux lignes verticales offre aux regards un mur sévère de granit sans ornement (Kerjean, La Touche-Trébry, Coscro).

LA BOURBANSAIS (Ille-et-Vilaine)

On accède au château de La Bourbansais, en Pleugueneuc, par une allée de hêtres. Entouré de jardins à la française, l'édifice est constitué par deux corps de logis placés à angle droit. Il porte les styles de diverses époques (de la fin du 16e au 18e). On peut visiter le parc où est installé un zoo.

BRANFÉRÉ (Morbihan)

Ce château du 17e (très restauré) est surtout connu par son vaste parc zoologique. C'était déjà une réserve botanique au 18e. On y trouve quelque 200 espèces animales, dont d'importantes colonies de maras, de kangourous, de lémuriens, d'ibis et des cigognes parfaitement acclimatées.

Ci-dessus
À jamais associé à l'écrivain Chateaubriand (1768-1848), le château de Combourg a une longue histoire. L'essentiel remonte aux 14e et 15e siècles, mais l'ensemble a été restauré au 19e. « C'est dans les bois de Combourg que je suis devenu ce que je suis », note Chateaubriand, qui fut certes écrivain, mais aussi homme politique, diplomate et ministre des Affaires étrangères.

COMBOURG (Ille-et-Vilaine)

De Gustave Flaubert à Albert Camus, des dizaines d'écrivains sont venus ici en pèlerinage. Et tous ont contemplé avec émotion la masse médiévale de ce château dominant l'étang, car c'est ici que François René de Chateaubriand passa une partie de sa jeunesse.

Le château a été construit au 11e siècle par un évêque de Dol : la tour du More daterait, en partie, de cette époque. La façade et la tour du Croisé sont du 15e. Les autres tours sont du 14e. Mais l'ensemble a été restauré à la fin du 19e, surtout à l'intérieur.

ELVEN-LARGOËT (Morbihan)

Les tours d'Elven sont les vestiges de l'ancien château de Largoët, construit — ou plutôt reconstruit — à la fin du 15e siècle. Des pans de courtines disparaissant sous les feuillages relient les deux tours à la porte fortifiée (15e). L'intérieur de la tour ronde (15e) a été restauré. Le donjon (fin 14e), énorme tour de six étages, a été vidé de ses planchers. La hauteur de l'édifice est de 44 mètres, ce qui en fait un des plus hauts donjons de France. La chapelle du 15e est en ruine.

Ci-dessus
Fort-la-Latte (13e et 14e) est une des plus belles forteresses de la côte nord. Elle a inspiré romanciers et cinéastes.

FORT-LA-LATTE (Côtes-d'Armor)

Dominant la Manche de plus de 60 mètres à l'E. du cap Fréhel, le fort est placé sur un îlot rocheux que deux ravins séparent du continent. Autant dire que la forteresse est difficilement prenable. En dépit des aménagements apportés à l'ouvrage, à la fin du 17e siècle, par Siméon Garangeau pour l'adapter aux exigences nouvelles de l'artillerie, il est parvenu à la période contemporaine sans modifications considérables par rapport à son état d'origine (13e et 14e). Il a été restauré par la famille Joüon des Longrais, qui en est propriétaire depuis 1931.

GOULAINE (Loire-Atlantique)

C'est en traversant de vastes étendues marécageuses que l'on atteint le château de Goulaine, véritable château de la Loire égaré en pays nantais. Il fut édifié dans la seconde moitié du 15e par la famille de Goulaine à laquelle il appartient encore.

Le visiteur pourra admirer la tour d'entrée, de construction rectangulaire, ainsi que le bâtiment principal aux lucarnes ouvragées qui ornent, de part et d'autre, deux magnifiques tours d'escaliers (15e). Le jardin recèle une volière de papillons tropicaux.

LA HUNAUDAYE (Côtes-d'Armor)

D'une grande importance stratégique, cette forteresse (pour l'essentiel fin 14e-début 15e), située en Plédéliac, fut jadis la plus puissante et la plus inexpugnable du Penthièvre. Le château en ruine est en cours de restauration. L'enceinte polygonale a encore fière allure avec ses tours, ses murailles et ses chicots de cheminées.

JOSSELIN (Morbihan)

Élevé à la fin du 12e siècle, agrandi au 14e, démantelé au 17e, le château de Josselin a été restauré au 19e. Il présente encore, malgré les mutilations, une masse imposante mais toute de finesse. Sa façade extérieure, qui domine la rivière, est armée de trois

fortes tours rondes dont la base est taillée dans le roc. La façade principale, qui donne sur la cour d'honneur, est toute d'élégance, dans son luxe d'ornementation. Sans doute le plus beau spécimen d'architecture Louis XII en Bretagne, elle n'est qu'une dentelle de pierre qui borde jusqu'à l'exubérance de ses colonnettes et pinacles flamboyants les balustrades et les galbes des hautes lucarnes. L'intérieur est très riche et comporte également un musée de poupées.

Ci-dessous
Bien qu'il paraisse manquer d'unité, le château de Kerjean (1540-1595) est une des plus ambitieuses constructions du Léon. Le goût pour la superposition des plans est évident.

KERJEAN (Finistère)

Le château de Kerjean, en Saint-Vougay, est un édifice Renaissance classique (édifié vers 1540-1595), mi-château fort, mi-manoir. La route de Saint-Vougay se transforme en majestueuse allée de hêtres, qu'il faut voir lorsque le soleil commence à descendre et diffuse ses rayons à travers les ramures. Alors se détachent, au bout de cette allée, les fortifications du château, murs épais de 12 mètres, renforcés aux quatre coins de casemates et parcourus d'une courtine.

Le visiteur pourra se promener dans le parc (fontaine Renaissance), faire le tour du château ou au contraire visiter les appartements, aujourd'hui transformés en musée d'art et de mobilier breton (16e et 17e).

OUDON (Loire-Atlantique)

Le donjon d'Oudon (14e siècle, restauré), sur les bords de la Loire. Une visite-spectacle s'y décline au fil des étages (vie d'un pêcheur ; guerres de Vendée ; peintures de Turner). Du sommet, panorama et voyage virtuel en montgolfière. À proximité, menhir de la Pierre-Blanche.

Ci-contre
Les constructeurs du donjon d'Oudon (fin 14e) ont joué sur les couleurs des différentes pierres utilisées, schiste et tuffeau, notamment.

Ci-dessous
La Roche-Jagu (début du 15e).
On l'appelle château mais, comme le souligne André Mussat, cette construction n'est déjà plus un château, mais une maison forte qui semble hésiter « entre l'agrément et la défense ».

PORNIC (Loire-Atlantique)

Selon le spécialiste Michael Jones, le château de Pornic est « un des rares châteaux médiévaux réellement côtiers ». Sa construction remonte aux 13e et 14e, mais il fut endommagé lors des guerres de Vendée et dut subir une restauration au 19e.

Ci-dessous
Château des Rochers, près de Vitré. Mariée à un Breton, Henri de Sévigné, Marie de Rabutin-Chantal (1626-1696), devenue veuve, y a fait de nombreux séjours et y a écrit plus de 260 de ses lettres. Mme de Sévigné est un des rares écrivains célèbres à ne jamais avoir publié un livre.

LA ROCHE-JAGU (Côtes-d'Armor)

Une allée plantée d'arbres donne accès à ce château construit à Ploëzal au début du 15e siècle, au sommet d'une colline boisée, sur la rive gauche du Trieux. C'est une « maison forte » en granit, dont les trois tours font corps avec le mur. On notera les cheminées ouvragées des pignons et le chemin de ronde couvert du deuxième étage, qui constitue un poste d'observation sur la vallée du Trieux. Le château est devenu un lieu d'animation culturelle. Récemment restauré, il appartient au département des Côtes-d'Armor.

LES ROCHERS (Ille-et-Vilaine)

Construit au 14e, puis remanié au 17e, ce château près de Vitré n'a pas changé depuis l'époque où la marquise de Sévigné (1626-1696) l'habita. En entrant dans la cour d'honneur, on découvre les communs (18e). Et la demeure apparaît sur la gauche avec ses toits d'ardoise argentée.

Le château est une propriété privée, mais les amoureux des lettres visiteront la chapelle et le cabinet vert, c'est-à-dire la chambre de la marquise. Les diverses parties du jardin à la française, dessiné par André Le Nôtre, ont gardé les noms qu'elle leur avait donnés.

ROSANBO (Côtes-d'Armor)

Serti au cœur de jardins à la française, l'actuel château (14e au 19e), en Lanvellec, a remplacé une forteresse dressée sur ce massif rocheux qui domine la vallée du Bo. Plusieurs fois remanié, l'ensemble est de style composite, mais l'essentiel des bâtiments date du début 16e et de la fin 17e ; l'aile E. est néogothique (fin 19e).

Les salles du rez-de-chaussée ont un mobilier de la Renaissance bretonne et italienne. La bibliothèque (livres et archives) de Claude Le Peletier, successeur de Colbert en 1683, est conservée dans la partie moderne.

Ci-dessous
Château de Suscinio (restauré), élevé en bordure de mer près de Sarzeau.

SUSCINIO (Morbihan)

Cette impressionnante forteresse (13e-16e) construite sur le territoire de Sarzeau, à deux pas de l'Atlantique, fut une des résidences des ducs de Bretagne.

Jadis flanquées de huit tours (il en reste sept), les courtines entourent une vaste cour. Le château a subi, au cours des siècles, des reconstructions partielles. La façade d'entrée (à l'E.)

est du 14e ; la façade N.-E. du 13e (c'est la plus ancienne). La tour Neuve (N.-O.) est du 15e. Acheté par le département du Morbihan en 1965, le château de Suscinio est, depuis 1975, en cours de restauration. On y a découvert un magnifique pavement médiéval (fin 13e-début 14e).

TONQUÉDEC (Côtes-d'Armor)

Campé sur un promontoire rocheux qui domine la vallée du Léguer, le château de Tonquédec devait avoir fière allure quand on l'acheva au début du 15e. Aujourd'hui, ses ruines majestueuses et romantiques se dressent dans leur site boisé. C'est, à coup sûr, une des plus saisissantes ruines féodales de Bretagne, et la vue qu'on y a du haut des tours est impressionnante.

Ci-dessous
Le château de Tonquédec (début 15e) fut construit sur l'emplacement d'une forteresse plus ancienne qui venait d'être rasée. L'actuel château eut à souffrir des démantèlements décidés par Richelieu, en 1625.

Le dix-neuvième siècle

Dès le 18e siècle, la création régionale perd peu à peu de son originalité. Les architectes et ingénieurs du roi présents en Bretagne pensent qu'il n'est bonne pierre que de Paris et reproduisent les modèles architecturaux versaillais ou parisiens.

Page de gauche
Cette tour kitsch est une reconstruction à l'identique (1998) d'une autre tour, qui s'inspirait elle-même du pavillon LU de l'exposition universelle de 1900.

Ci-dessous
Gare néogothique de Vitré (1857).

Bientôt, cependant, les exigences économiques et l'aménagement de l'espace urbain entraînent des travaux importants (traverse nord-sud à Nantes, canalisation de la Vilaine et construction des quais à Rennes). Le chemin de fer fait son apparition (Paris-Nantes en 1851, Paris-Rennes en 1857) et anime le paysage. C'est également à cette époque qu'apparaissent de grands viaducs (Dinan en 1845, Morlaix en 1865). Le style des gares est parfois inattendu (castel néogothique de Vitré, 1855).

Regnault, cet inconnu

Le nom d'Arthur Regnault n'est aujourd'hui connu que des spécialistes. Ce fut pourtant un des architectes les plus actifs du 19e siècle. Né à Bain-de-Bretagne (Ille-et-Vilaine) d'un père médecin, il fit ses études à Rennes puis à Paris. On lui doit, par exemple, le style néobreton des clochers de la basilique Notre-Dame (La Guerche) et de l'église des Iffs, le style romano-byzantin (inspiré d'un voyage en Italie) de l'église de Corps-Nuds et les églises de Châteaubourg (Ille-et-Vilaine), Taulé et Henvic (Finistère). ■

Ci-dessus

À partir de 1798, deux Nantais, François et Pierre Cacault – puis le peintre Frédéric Lemot et l'architecte Mathurin Crucy –, firent de Clisson, marquée par la tragédie vendéenne, une ville nouvelle et assurément atypique dans l'ouest, où le style néoclassique italien est rare.

À quelques exceptions près, l'architecture ne se conçoit que par rapport au passé.

On parle de néogothique, de néoclassique, de néoflamboyant ou de néobreton. Le style néogothique, en particulier, s'exprime avec panache, à la fin du 18e et au début du 19e siècle, dans les nouveaux quartiers de Nantes (théâtre Graslin dès 1788, église Saint-Nicolas en 1844, chœur de la cathédrale à partir de 1840). Le palais du Commerce de Rennes est commencé en 1886. Le théâtre de la même ville date de 1846.

La première école Saint-Vincent de Rennes (actuel lycée Jean-Macé, 1844) s'inspire de l'esthétique italienne. La vaste basilique de Sainte-Anne-d'Auray (1873) est de style néo-Renaissance.

Parmi les architectes qui se sont illustrés durant cette période on peut citer Jean-Baptiste Martenot, Joseph Bigot, Le Guerranic ou encore le chanoine Daniel (église néogothique de Mûr-de-Bretagne). Autre nom : Arthur Regnault (voir encadré).

Deux étonnants chantiers

Ci-dessous
Calme cité de la Bretagne intérieure, Pontivy, devenue Napoléonville, connut un destin singulier au 19e siècle et bénéficia d'un programme architectural soigné et cohérent.

CLISSON (Loire-Atlantique)

Détruite durant les guerres de Vendée, la cité, au confluent de la Sèvre et de la Moine, fut reconstruite dans un style néoclassique toscan par les frères Cacault. Son temple de Vesta (1822), ses demeures aux toitures plates et ses pins parasols lui ont valu le surnom de « Tivoli française ». Après le château (13e-15e) et les halles (15e), il faut s'attarder dans le magnifique domaine de la Garenne-Lemot, au pied du viaduc (1841), où l'imposante villa Lemot (1861) accueille des expositions d'art contemporain. Depuis 2006, le festival Hellfest se déroule à Clisson.

PONTIVY (Morbihan)

En 1802, un décret des consuls décide de transformer la sous-préfecture du Morbihan qui, bientôt, va s'appeler Napoléonville. Elle gardera ce nom jusqu'en 1814... pour le reprendre en 1815, lors des Cent Jours et sous le Second Empire, de 1852 à 1870. Dans l'esprit de Napoléon Bonaparte, il s'agissait de faire de la ville un noyau administratif et militaire, afin de permettre au nouveau régime de s'imposer dans le centre de la Bretagne, qui échappait alors au pouvoir central. À la jonction du canal de Nantes-à-Brest — alors projeté —, et du Blavet rendu navigable jusqu'à Lorient, Napoléonville devait également devenir, dans l'esprit de l'empereur, un important nœud de communications.

Pontivy présente deux quartiers à la physionomie bien différente : au N. se trouve la ville médiévale, au S. la ville impériale. Au centre de celle-ci s'ouvre la vaste place d'armes appelée La Plaine. Elle est bordée au N. et au S. par le palais de Justice et la sous-préfecture qui se font face, tandis qu'à l'O., du côté du Blavet, la caserne Clisson ferme l'espace de manière monumentale. Le lycée Joseph-Loth fut ouvert en 1806, bâtiments actuels datent, pour l'essentiel, de 1885. Ces bâtiments publics, civils et militaires forment autant d'éléments d'un programme architectural cohérent, adapté au nouvel espace et destiné à affirmer la puissance du pouvoir central. L'ensemble constitue un exemple rare de l'urbanisme au début du 19e siècle. On notera aussi l'église Saint-Joseph (1869), bonne réalisation de néogothique.

L'époque contemporaine

Après 1945, la Bretagne, comme le reste de la France, a dû surtout songer à relever ses ruines et à créer à la hâte des logements sans âme. Le 21e siècle voit se développer une architecture nouvelle, qui transforme peu à peu le visage des villes.

Page de gauche
Depuis 2002, le métro permet de relier, en un quart d'heure, le sud (Poterie) au nord (Villejean-Malifeu) de Rennes.

Ci-dessous
Centre culturel des Champs-Libres (Rennes).

À de rares exceptions près, le temps des grands chantiers (châteaux, cathédrales) est aboli. La dominance se fait individuelle et se manifeste plus volontiers dans des hôtels particuliers et des castels d'opérette. Certaines façades s'agrémentent encore de réminiscences rococo (immeuble de *L'Ouest-Éclair*, rue du Pré-Botté, Rennes, 1916), et sur les murs des hôtels particuliers le répertoire décoratif maniériste reste à la mode. Quelques constructions italianisantes (nouvelle école Saint-Vincent de

Rennes, 1912) ou pseudo-orientales (Maison Aussant, boulevard Sévigné de Rennes, 1910) font, certes, figure d'exception. Elles n'en procèdent pas moins du même souci de reproduire des modèles venus d'ailleurs.

Cependant, alors que se développe parallèlement la vogue du néogothique, la tradition régionale ressurgit sous la forme d'un néobreton original, puisant sa sève dans la matière des 15e-17e siècles. Aujourd'hui encore, les créateurs s'inspirent du jeu des volumes géométriques des grandes toitures d'ardoise, désireux d'apporter une réponse régionale à leur recherche d'une architecture pour notre monde contemporain. Il faut malheureusement — la plupart du temps — regretter l'enlisement de ce courant néobreton dans des recettes pour une architecture pavillonnaire de la caricature et de la dérision.

Les bombardements de la Seconde Guerre mondiale ont anéanti des villes entières (Lorient, Brest, Saint-Nazaire, Saint-Malo). Elles ont été reconstruites avec plus ou moins de bonheur. Mais aujourd'hui, la croissance des zones urbaines et industrielles, l'engouement pour les résidences secondaires, la construction de bâtiments agricoles indispensables à une production moderne, ont certainement profité à l'économie, mais nullement à l'art et à l'esthétique de la région. Les quartiers périphériques des grandes villes dressent leurs insipides murailles de béton déjà délavé. Les banlieues alignent leurs pavillons tout de blanc crépis. Et des immeubles agressifs — mais les pieds dans l'eau — dénaturent pour toujours des sites exceptionnels.

Il faut cependant admettre que les centres-villes ont été, ces dernières décennies, le témoin de vastes opérations d'aménagement et d'embellissement (Brest, Nantes, Rennes…). Des réalisations d'art contemporain ont fleuri ici et là (le « Degré » de Nissim Merkado, 1987, ou les « Ali-

gnements » d'Aurélie Nemours, 2006, à Rennes, par exemple). Certaines constructions sont à la fois originales et fonctionnelles : Palais des Arts et des Congrès (1971) et Immeuble du Crédit agricole (1976) de Vannes ; Assurances générales de France (1981), Cité judiciaire (1982) et Champs-Libres de Rennes (2006). Mais sur la côte comme dans la Bretagne intérieure, des sites exceptionnels ont été violés par des murailles de béton et des villas au style répétitif. Aux centres des agglomérations et, plus encore, à la périphérie des villes, des milliers de panneaux publicitaires enlaidissent le paysage.

Les Champs-Libres de Rennes

L'ouverture, en 2006, du nouvel ensemble culturel des Champs-Libres a été le point final d'une aventure commencée près de quinze ans auparavant. Voulu par le maire Edmond Hervé, ce vaste complexe regroupe lieu la bibliothèque (500 000 ouvrages), l'Espace des sciences (avec planétarium) et le musée de Bretagne. À la fois conçus pour les lettrés, les mélomanes, les férus de science, les amateurs d'expositions, les curieux ou les simples citoyens, les Champs-Libres ont été réalisés par l'architecte et professeur au Collège de France Christian de Portzamparc (qui fit ses études à Rennes, à Saint-Vincent et au lycée) et, pour la muséographie, par son épouse Elizabeth. ■

Page de gauche
Brest a été presque totalement détruite pendant la Seconde Guerre mondiale, mais la large rue de Siam, restructurée, reste l'axe central de la ville.

Ci-dessous
Campus des lettres à Nantes. L'université de Nantes fut fondée en 1460. Fermée au 18e, elle ne rouvrit qu'en 1962.

L'Armor, pays de la mer

Le littoral breton — parfois appelé Armor —, est rocheux et découpé, échancré d'estuaires caractéristiques.

Page de gauche
Pointe du Raz.

Ci-dessous
Port de Sauzon, à Belle-Île-en-Mer.

C'est là, au point maximum de remontée de la marée, que se situent la plupart des villes (par exemple, Dinan sur la Rance, Lannion sur le Léguer, Morlaix sur le Dossen, Quimper sur l'Odet, Hennebont sur le Blavet). Ces estuaires, appelés rias ou abers, sont le résultat de l'envahissement des vallées par la mer.

Il faut, cependant, remarquer une différence entre la côte nord, aux falaises élevées (cap Fréhel) et aux

rias encaissées, et la côte sud. Celle-ci est plus basse et moins découpée ; ses rias sont largement ouvertes sur la mer, et ses vastes baies sont bordées d'îles (Glénan, Groix, Belle-Île). Entre les deux, s'élancent vers le large la pointe Saint-Mathieu, la presqu'île de Crozon, le cap Sizun (pointe du Raz), précédées d'îles (Ouessant, Sein) et séparées par la rade de Brest et la baie de Douarnenez.

La situation maritime de la Bretagne lui donne le plus pur des climats océaniques. L'hiver y est doux et humide. L'été connaît des températures en général modérées, mais il fait plus chaud dès que l'on se rapproche de la Loire. L'air y est vivifiant et iodé. Ce climat favorise une végétation arbustive qui croît sur les talus bordant les champs et les chemins creux du bocage. Il donne sa couleur particulière aux paysages auxquels ont été sensibles peintres et écrivains.

L'Armor (Arvor en breton) doit son activité à l'influence directe ou indirecte de la mer. Sur une bande littorale de 20 kilomètres de large est concentrée la majeure partie de la population. Favorisée par le climat, la culture des primeurs anime une vie agricole dynamique. De son côté, le tourisme fait vivre de nombreuses stations balnéaires, et la Bretagne est devenue la deuxième région touristique française. Le littoral rassemble les deux tiers des pêcheurs français, depuis le petit port d'échouage avec ses bateaux colorés au grand port de pêche industriel comme Lorient ou Concarneau (2e et 3e en France). C'est aussi à proximité de la côte que sont concentrées les activités industrielles des villes, parmi lesquelles dominent Brest, Lorient et, surtout, Nantes.

Page de gauche en haut
Vue aérienne de la presqu'île de Rhuys et du golfe.

Page de gauche en bas
Belle-Île-en-Mer, à proximité de Port-Coton.

Ci-dessous
À l'entrée du golfe du Morbihan, depuis la pointe du Bilgroix.

Quelques rendez-vous maritimes…

Ci-dessous
La Baule possède, assurent les guides touristiques, « la plus belle plage d'Europe ». La station est née au milieu du 19e siècle, quand de riches Nantais y installèrent leurs résidences secondaires.

LA BAULE (Loire-Atlantique)

De toutes les villes de la façade Atlantique, La Baule est sans doute la seule qui puisse rivaliser avec les stations balnéaires de la Côte d'Azur. Des milliers de touristes s'y pressent l'été pour admirer sa « plus belle plage d'Europe » qui étire sur 8 kilomètres son croissant de sable fin, ou pour passer quelques jours dans les villas éparpillées au milieu des pins.

CONCARNEAU (Finistère)

Concarneau est le premier port thonier de France. La ville organise, depuis 1905, la fête des Filets Bleus (fin août), une des manifestations les plus populaires de Bretagne.

Aux siècles de l'évangélisation bretonne, un prieuré dépendant de l'abbaye de Landévennec fut fondé sur l'îlot de l'actuelle Ville-Close. Une ceinture de fortifications fut élevée

aux 13e-14e, reconstruite de 1451 à 1477 et enfin réparée et complétée par Vauban au 17e.

La Ville-Close demande à être vue de l'extérieur, de la place Jean-Jaurès par exemple. Sa ceinture de remparts s'allonge sur un îlot de 380 mètres de long. À gauche, un beffroi à horloge s'harmonise avec l'ensemble. L'intéressant musée de la pêche est situé rue Vauban.

Maigret à Concarneau

La Bretagne est une terre propice au roman policier. Un des premiers à avoir utilisé ce décor est Georges Simenon dans *Le Chien jaune* (1931). L'écrivain belge vécut plusieurs semaines à Concarneau pour y écrire cette enquête du commissaire Maigret. Il avait loué une vaste maison, la villa Kerjean, aux Sables-Blancs, et y vivait avec sa femme, sa secrétaire et son chien. ■

Ci-dessous

Beffroi à horloge, remparts et Ville-Close de Concarneau. Le nom de Concarneau vient du breton Konk-Kernev (crique de Cornouaille) par opposition au Conquet (Konk-Leon, crique de Léon).

PRESQU'ÎLE DE CROZON (Finistère)

La presqu'île de Crozon offre une exceptionnelle concentration de sites grandioses. Le trident, qui s'enfonce dans l'Atlantique entre la rade de Brest, au N., et la baie de Douarnenez, au S., multiplie les paysages saisissants, faits de falaises, de criques et de rochers sculptés par la mer. La Bretagne secrète et sauvage, c'est ici peut-être qu'il convient de la chercher.

Au S., Morgat est une station balnéaire. La visite en vedette des grottes de Morgat constitue une plaisante excursion le long des falaises. La « porte » ou pointe de la Chaise (Beg-ar-Gador), au S.-E., est pittoresque. Viennent ensuite les pointes de Saint-Hernot, du Dolmen et de Rostudel.

La D 225 mène au cap de la Chèvre, puissant éperon de grès aux falaises entaillées de grottes. Entre ce cap et la pointe de Dinan se développent les étendues terrestres et marines les plus prenantes de la presqu'île. C'est une succession de falaises, d'anses et de criques, de plages et de pointes. La grève de Lost-Marc'h (queue de cheval, c'est-à-dire prêle en breton) est particulièrement séduisante. Plus au N., la pointe et le « château » de Dinan sont réunis par deux arcades naturelles. À proximité, les grottes des Korrigans sont remarquables par leurs coloris et leurs hautes voûtes, mais d'un accès difficile ; l'aide d'un guide est indispensable.

Ci-dessous
Presqu'île de Crozon : Beg-ar-Gador. Visite des grandes grottes en bateau (départ de Morgat).

Ci-dessus
Encore simple village de pêcheurs au début du 19e siècle, Dinard allait peu à peu attirer Britanniques et Américains.

DINARD (Ille-et-Vilaine)

La ville est restée fidèle à sa vocation touristique et internationale. Mais elle a su diversifier ses attraits (centre équestre du Val-Porée, golf, tennis, congrès). Dinard possède un superbe temple protestant (1871) près de l'église Notre-Dame. Elle offre surtout de fascinantes promenades au départ de ses plages. Au N., la plage de l'Écluse, située entre la pointe de la Malouine et la pointe du Moulinet, est la plus vaste. De là, on peut gagner, en suivant le rivage, la plage du Prieuré, au S.-E. (face à Saint-Malo), ce qui permet de saluer le casino, le palais des Congrès, l'aquarium et, surtout, d'atteindre la promenade du Clair-de-Lune où s'est développée, bien à l'abri des vents, une étonnante végétation méditerranéenne (palmiers, agaves, eucalyptus).

L'accès de la station a été facilité par la construction du barrage de la Rance (1960-1966) et de son usine marémotrice.

Dinard, ville « anglaise »

Dinard et la vallée de la Rance ont toujours attiré les Britanniques. Selon Gabriel-Louis Pringué, Dinard était à la Belle Époque « la plage la plus aristocratique et la plus élégante de l'Europe du Nord ». Vers 1893, Thomas Edward Lawrence, qui allait devenir Laurence d'Arabie, apprenait à lire (en français) chez les Frères des Écoles chrétiennes de Dinard. Lawrence revint d'ailleurs plusieurs fois en Bretagne, qu'il parcourut surtout à bicyclette. D'autres écrivains célèbres, comme Agatha Christie, ont fréquenté la station. ■

DOUARNENEZ (Finistère)

Douarnenez reste un des ports de pêche français les plus importants. La ville est devenue la capitale européenne du patrimoine maritime, grâce à son musée de bateaux à flot (Port-Musée), inauguré en 1993. C'est dans la baie de Douarnenez, affirme la légende, que sommeille la ville d'Ys, l'Atlantide bretonne…

Page de gauche en haut
Port de Douarnenez.

Page de gauche en bas
Cap Fréhel : phares et falaises.

Ci-dessous
Erquy .

ERQUY (Côtes-d'Armor)

Erquy est un des tout premiers ports coquilliers de France (coquille Saint-Jacques, notamment). C'est aussi une station balnéaire très fréquentée. Le cap — en grès rose pour l'essentiel — est d'une saisissante beauté, avec ses landes et ses falaises abruptes (altitude maximale 68 mètres).

FRÉHEL (Côtes-d'Armor)

C'est un des lieux les plus spectaculaires de la Bretagne Nord. C'est aussi le point le plus élevé de la Côte d'Émeraude. Des falaises de porphyre et de grès rouge s'élèvent à quelque 70 mètres au-dessus du niveau de la Manche.

Une réserve naturelle d'oiseaux migrateurs occupe les rochers en grès rose de la petite et de la grande Fauconnière, à l'E. de la pointe.

Deux phares dominent l'ensemble. Le plus ancien — qui est aussi le plus petit — fut mis en service au 17e. La tour actuelle a été inaugurée en 1950. Par temps clair, elle porte à 100 kilomètres et, de l'étage où se trouve la lanterne, on découvre le littoral et — parfois — les îles Anglo-Normandes.

GOLFE DU MORBIHAN

Avec ses 200 kilomètres de rivages, ses 10 000 hectares d'étendue et ses îles, le golfe du Morbihan offre de nombreuses possibilités de randonnées et de croisières. La plaisance, pourtant, n'y est pas sans danger. Malgré les apparences, le golfe n'est pas une mer calme, et les courants y sont très violents. C'est un monde à part, qui jouit d'un climat d'une infinie douceur. Des dizaines de milliers d'oiseaux migrateurs viennent y hiverner. L'ostréiculture y est une des activités essentielles.

Le golfe comprend des dizaines d'îles, mais la plupart sont de taille modeste, et deux seulement ont le statut de commune : l'Île-aux-Moines et Arz.

De Larmor-Baden, on peut se rendre dans l'île de Gavrinis où se trouve un des plus beaux cairns du monde de l'époque néolithique (- 3800).

PAIMPOL (Côtes-d'Armor)

Pierre Loti et Théodore Botrel ont popularisé le nom de Paimpol qui, de 1852 à 1935, fut la capitale de la pêche à la morue en Islande. À proximité, l'abbaye maritime de Beauport a fêté ses 800 ans d'histoire en 2002. Les bâtiments sont en cours de restauration. Le site est exceptionnel (littoral, bois, marais, jardins…).

Page de droite en haut
Île Quistinic dans la presqu'île de Rhuys.

Page de droite en bas
L'humble chapelle de l'île de Boëdic semble bien esseulée…

Ci-dessous
Port de Saint-Goustan, à Auray.

PLOUMANAC'H (Côtes-d'Armor)

Ploumanac'h, en Perros-Guirec est célèbre pour ses amoncellements de rochers de couleur rose cuivré aux formes fantaisistes. Le meilleur itinéraire pour les découvrir est de suivre la côte d'est en ouest. Du phare de Ploumanac'h, on embrasse un magnifique panorama avec, au nord, les Sept-Iles.

PORT-LOUIS (Morbihan)

Sur la pointe contrôlant l'entrée de la rade de Lorient, cette ville de quelque 3 300 habitants fut, jusqu'au 17e siècle, une place forte et un important port de pêche.

Entourée par la mer qui vient battre ses bastions de granit, la citadelle (1590-1636), monte la garde face à la passe de Lorient. C'est en France le plus bel exemple (en parfait état) de l'architecture militaire de la fin du 16e-début du 17e. Elle accueille aujourd'hui le musée de la Compagnie des Indes et le musée de l'Atlantique.

Ci-dessus
Phare de Ploumanac'h, sur la Côte de Granit rose.

Ci-dessous
Pointe du Raz.

Ci-dessus
La construction de la citadelle de Port-Louis fut commencée, dans la dernière décennie du 16e siècle, par les Espagnols venus soutenir les catholiques lors des guerres de Religion. Elle s'acheva sous Richelieu, en 1636.

LE POULIGUEN (Loire-Atlantique)

Le Pouliguen est un petit port charmant, percé d'avenues ombragées et bordé d'anciennes maisons de pêcheurs aux murs blanchis à la chaux.

En empruntant la route côtière, on se dirige vers la pointe de Pen-Château, le long d'une côte hérissée de falaises et de rochers. Juste avant la pointe de Pen-Château, faisant face à la mer, se dresse la chapelle Sainte-Anne-et-Saint-Julien (16e).

POINTE DU RAZ (Finistère)

Long éperon rocheux, la pointe du Raz, en Plogoff, s'abaisse par paliers dans l'océan. À 8 milles au large, au-delà du phare de la Vieille, apparaît l'île de Sein, entourée de récifs. La passe — le raz — est l'une des plus dangereuses d'Europe.

Le tour de la pointe (72 mètres d'altitude) s'effectue avec des guides accrédités. Il réserve des vues saisissantes sur le travail de la mer contre le roc. Le flot affouille la crête, s'engouffre et bouillonne dans une cuve vertigineuse, l'enfer de Plogoff où l'on peut entendre gémir les âmes des trépassés…

Séparant les deux échines terminales du cap Sizun, la baie des Trépassés a longtemps symbolisé le point de départ vers l'au-delà.

ROSCOFF (Finistère)

La ville possède de superbes demeures d'armateurs, une belle église (Notre-Dame de Kroaz-Batz, 1550) et des vestiges de remparts. Pendant longtemps, son port entretint des relations commerciales avec l'Europe du Nord, l'Espagne et le Portugal. Aujourd'hui, son activité économique repose sur les primeurs, le port en eau profonde (Brittany Ferries et Irish Ferries), la thalassothérapie et la recherche (Institut biologique). En Angleterre, Roscoff fut longtemps associé aux Johnnies (colporteurs d'oignons) ; un petit musée leur est consacré. Remarquable jardin exotique.

SAILLÉ (Loire-Atlantique)

Le bourg, à 3 kilomètres de Guérande, se situe sur un ancien îlot rocheux au cœur des marais salants. Le sel constitue, depuis des générations, la principale ressource des habitants qui, encore maintenant, continuent à exploiter les salines.

De toute la presqu'île, Saillé est le village qui a le mieux conservé son cachet traditionnel : on y retrouve encore des maisons chaulées, si caractéristiques des demeures de paludiers, ainsi que les toits en ardoises. Le costume des paludiers est parmi les plus originaux de Bretagne.

Ci-dessous

Port de Roscoff.

SAINT-NAZAIRE (Loire-Atlantique)

Le port a joué un grand rôle au cours de la Seconde Guerre mondiale (base de sous-marins allemands ; opération anglo-canadienne en mars 1942 ; « poche de Saint-Nazaire » en 1944-1945). La ville fut détruite à 90 pour cent. C'est aujourd'hui le principal centre français de constructions navales (Chantiers de l'Atlantique-Alstom). Un pont de 3 556 mètres relie les deux rives de la Loire.

Page de droite en haut

Marais salants du pays de Guérande.

Page de droite en bas

Saint-Nazaire : chantiers de l'Atlantique (ferry « MSC Orchestra »).

La magie des îles

Ci-dessous
Aiguilles de Port-Coton, à Belle-Île-en-Mer.

BATZ (Finistère)

Ancrée à 2 milles au large de Roscoff (15 minutes de bateau), l'île s'étire sur 4 kilomètres de l'O. à l'E. ; sa largeur est en moyenne de 1 kilomètre. Bien qu'elle soit très peu élevée, elle protège le port de Roscoff des vents du nord. La côte S. connaît un climat très doux, et on y cultive des primeurs. Les habitants vivent aussi des algues, de la pêche et du tourisme. Au S.-E., se trouvent le jardin colonial Georges-Delasselle et, à proximité, les ruines d'une chapelle romane (10e). Il y a aussi, dans la même zone, un cimetière préhistorique et un dolmen (l'ensemble a été christianisé, au 13e, avec un calvaire). La côte N. est plus sauvage.

L'île permet de belles promenades à pied : à l'O., on peut visiter le phare (211 marches) qui se dresse à l'endroit le plus élevé de la côte (35 mètres).

Ci-dessus
Le Palais, capitale de Belle-Île, avec sa citadelle (milieu 16e).

BELLE-ÎLE-EN-MER (Morbihan)

Belle-Île est la plus vaste des îles bretonnes : quelque 17 kilomètres de long, 5 à 9 kilomètres de large, 80 kilomètres de côtes où alternent falaises, criques et plages. Ce bloc de roches dures bascule vers le N., où la côte est plus basse, tandis qu'il oppose au large un front rude et inhospitalier.

L'île comprend en fait quatre communes : Le Palais, Bangor, Locmaria et Sauzon.

Le Palais, la capitale, est dominé par une citadelle, élevée au milieu du 16e, agrandie par la famille de Gondi, renforcée par Fouquet et par Vauban, qui visita l'île en 1682. On y trouve aujourd'hui un musée. De là, on peut se rendre à la pointe de Taillefer, d'où l'on découvre un panorama sur la côte du Morbihan. Sauzon, au N.-O., est située à l'entrée d'un vallon sinueux. De la pointe des Poulains, reliée à l'île par une langue de sable, on aperçoit les sculptures de la côte Sauvage, constituée par la côte O. de l'île. La pointe du Vieux-Château est une réserve ornithologique (mouettes, cormorans, goélands) ; ce fut un cap fortifié à l'âge du fer.

La grotte de l'Apothicairerie, au S.-O. de Sauzon, était jadis habitée par les cormorans, dont les nids, alignés dans les anfractuosités le long des parois, évoquaient les bocaux d'une boutique d'apothicaire. Les jours de tempête, la mer s'engouffre dans une sorte de tunnel naturel. Plus au S., la plage de Port-Donant s'encadre de falaises. Les aiguilles de Port-Coton sont autant de pyramides rocheuses effilées par le travail de la mer. La grotte du Talut est accessible à marée basse.

© Bruno Barbier

BRÉHAT (Côtes-d'Armor)

L'île est un entassement de lourds granits roses adoucis par l'érosion naturelle des éléments. Mais Bréhat, par sa douceur et sa végétation, fait aussi songer parfois à une île méditerranéenne. Il y pleut d'ailleurs peu puisque les nuages se contentent, le plus souvent, de la survoler. Sa flore est comparable à celle du Midi : eucalyptus, lauriers-roses, pins parasols, mimosas, myrtes, figuiers et amandiers. La comparaison s'arrête là car, non loin d'ici, les fréquentes tempêtes et les orages battent les rochers de la côte. Si l'intérieur est paisible, le N. de l'île, en revanche, est d'une sauvagerie absolue : des milliers de pierres semblent jetées au hasard sur une lande aux courtes bruyères brûlées par les vents. Bréhat est aussi l'île des contrastes.

Longue de 3,5 kilomètres et large de 1,5 kilomètre, Bréhat (309 hectares) constitue un monde à part. Ici pas de pollution puisque les voitures à moteur y sont interdites. Les oiseaux s'y sont tout naturellement donné rendez-vous. On y voit des courlis, des mouettes, des cormorans, des goélands…

Bréhat doit se laisser découvrir peu à peu, avec ses maisons basses aux toits de chaume, ses villas plus modernes couvertes de glycine, ses chemins étroits, ses mille et une criques. Le bourg se trouve au N. de Port-Clos où débarquent les vedettes. Près de la chapelle Saint-Michel (à 1 kilomètre du bourg, à l'O.), on jouit d'une vue sur l'île et sur le Kerpont, étroit bras de mer entre Bréhat et l'île Béniguet, également habitée. Le paysage est surtout joli au coucher du soleil. La baie de la Corderie constitue le port de Bréhat proprement dit ; au 19e siècle, il avait encore une grande importance.

Le phare du Paon (à 2,8 kilomètres du bourg, au N.-E.) surplombe un chaos de rochers.

LES GLÉNAN (Finistère)

L'archipel de Glénan comprend une dizaine d'iles principales et plusieurs îlots. Son maërl et son sable sont parfois utilisés, mais aujourd'hui le nom Glénan fait surtout penser au centre nautique qui, depuis 1948, est installé sur les îles de Penfret, Drenneg, Cigogne et Bananec.

Page de gauche
L'île de Bréhat est un monde à part, par son climat, sa végétation, ses maisons basses et ses chemins étroits.

Ci-dessous
Port-Tudy, dans l'île de Groix.

Quand vient l'été, l'île Saint-Nicolas est la plus visitée ; c'est par bateaux entiers que les vacanciers y débarquent. Un centre international de plongée y est installé. Les autres îles — Geoteg, Kignenek, Cigogne (où se dresse un ancien fort), le Loc'h — sont fréquentées par les plaisanciers mais aussi par les chercheurs du laboratoire maritime de Concarneau et les ornithologues.

GROIX (Morbihan)

L'île a une longueur d'environ 8 kilomètres et une largeur de quelque 2 kilomètres. C'est un vaste plateau à peine ondulé, protégé de hautes falaises, particulièrement sur la côte S. Du Trou-de-l'Enfer, redoutable échancrure, jusqu'au port Saint-Nicolas, petit fjord bifide, la côte est à parcourir à pied. Des plages de sable fin, abritées et tranquilles, s'allongent à l'E. Les marins groisillons s'étaient fait une spécialité dans la pêche au thon que plus de 300 thoniers pourchassaient naguère, de 1880 à 1950, à bord de leur dundee. Aujourd'hui, la pêche au « germon » a disparu.

Depuis 1952, un thon grandeur nature a été piqué sur la girouette du bourg de Loctudy. *« Un coq, c'était bon pour les paysans ! »* affirment les marins. Un écomusée a été ouvert en 1984, à Port-Tudy.

HOUAT ET HOËDIC (Morbihan)

Aucun doute : en breton, *houad* signifie canard et *hoadig* caneton. La comparaison des tailles respectives de ces fausses jumelles semble correspondre à cette signification.

L'île de Houat comprend aujourd'hui quelques restaurants, crêperies et un ou deux hôtels, ce qui est beaucoup (en 1909, le guide Conty précisait : *« On peut coucher au presbytère. »*). À l'inverse d'autres îles, Houat n'a guère misé sur le tourisme. Les marchands de béton s'en plaignent, mais l'île a pu préserver ainsi une grande partie de son authenticité.

Houat a 5 kilomètres de long pour une largeur moyenne de 1 300 mètres. Altitude maximum : 31 mètres. Le plateau est cultivé, mais depuis une décennie on a surtout investi beaucoup d'espoirs dans l'élevage du homard.

L'église rustique est dédiée, comme le port, à saint Gildas qui vécut sur Houat au 6e siècle. Une stèle se dresse à l'entrée du cimetière. Sur l'île les maisons sont basses, trapues et parfois blanchies à la chaux.

Hoëdic n'a que 2,5 kilomètres de long et 1 kilomètre de large. Pourtant, cette île était plus peuplée que Houat au début du siècle.

OUESSANT (Finistère)

Longue de 7 kilomètres et large de 4 kilomètres, l'île d'Ouessant (en breton Enez-Eussa, du gaulois Uxisana, la plus élevée) forme un monde à part. Les maisons ouessantines comprennent, en général, un étage, cinq fenêtres et une porte. Mais celle-ci tourne sagement le dos au vent. Certes, il y a aussi des constructions modernes, trop nombreuses sans doute, ce qui a conduit les pouvoirs publics à inclure Ouessant dans le parc d'Armorique. Çà et là, on aperçoit des moutons noirs ou blancs, de petite taille, comme pour mieux se protéger du vent.

La visite peut se faire au gré de sa fantaisie. Il est conseillé de ne pas manquer l'extraordinaire côte N.-O. entre la baie de Béninou et le phare du Créac'h, haut lieu du tourisme ouessantin. Ce phare (à 2,5 kilomètres du bourg de Lampaul) a été allumé en 1862, mais c'est seulement en 1939 qu'il est devenu l'un des plus puissants du monde.

Non loin de là, la pointe du Pern (à 3,5 kilomètres du bourg) présente des rochers aux formes d'animaux ; l'île, d'ailleurs, ressemble à la pince d'un crabe.

Au N.-E., la pointe du Stiff (d'où la vue est également intéressante). Il faudrait aussi citer la pointe de Pen-al-Lann (à l'E.) et la pointe de Pen-ar-Roc'h (au S.-E.). Avec un peu de chance, vous pourrez, au hasard de vos promenades sur l'île, apercevoir une colonie de phoques gris.

Le bourg de Lampaul constitue le centre principal. Il y a des maisons anciennes. À 1,5 kilomètre, à Nion-Huella, se trouvent les deux maisons des techniques et traditions ouessantines.

L'île de Molène, escale classique entre Ouessant et le continent, est beaucoup plus petite. C'est une île plate de 1,2 kilomètre de long et 800 mètres de large.

SEIN (Finistère)

Le paysage est nu, la terre plate, la végétation rabougrie. L'altitude moyenne ne dépasse guère 1,5 mètre. Cela explique qu'à plusieurs reprises Sein a été menacée d'être submergée.

La visite se fait au gré de l'inspiration. Les venelles du port ont parfois des noms étranges (rue du Coq-Hardi, rue Monte-au-Ciel). Elles ne dépassent pas 1 ou 2 mètres de large.

Du sommet du phare de Sein, dans la partie occidentale de l'île, on découvre la chaussée de Sein, une barre de récifs qui prolonge l'île sur 10 kilomètres vers le large. À l'extrémité de la chaîne, le phare d'Ar-Men est l'un des plus inhospitaliers de la côte. Les travaux de sa construction durèrent près de quinze ans (de 1867 à 1881).

LES SEPT-ÎLES (Côtes-d'Armor)

L'archipel des Sept-Îles, en Perros-Guirec, a bénéficié, en 1967, d'une large publicité dont il se serait facilement passé. C'est, en effet, à cette époque que la marée noire recouvrit peu à peu la Côte de Granit rose et l'archipel qui lui fait face. Ce qui fut une catastrophe pour la réserve d'oiseaux qui y est installée depuis 1912.

Ces îles sont, d'E. en O., Rouzic (la plus célèbre), Malban, Bono, l'Île-aux-Moines, l'Île-Plate et sa petite voisine l'Île-aux-Rats, les Cerfs et, au N. de Bono, les Costans. Ce qui fait déjà huit, mais d'autres îlots et rochers font également partie de l'archipel.

Aujourd'hui, l'archipel des Sept-Îles est surtout une réserve gérée par la Ligue française pour la protection des oiseaux. L'archipel constitue encore aujourd'hui une réserve d'oiseaux de mer unique en France.

Il est interdit de débarquer sur les îles (sauf à l'Île-aux-Moines), mais on peut en faire le tour en vedette. Des excursions sont organisées au départ de Perros-Guirec.

Page de gauche
Île de Houat.
Macareux.

Ci-dessous
Île d'Ouessant.

La Bretagne intérieure

Le visage de la Bretagne intérieure — ou Argoat (pays des bois) —, est infiniment varié. Elle présente des régions au relief accidenté mais à l'altitude moyenne faible.

Page de gauche
Monts d'Arrée… Tout est relatif, bien sûr, et parler ici de montagne porterait les Népalais à sourire…

Ci-dessous
Huelgoat.

On a donné le nom de « montagne » à deux lignes de hauteurs parallèles ; celles-ci, de direction O.-E., sont formées de roches gréseuses et cristallines qui percent la maigre végétation. Ce sont, à l'O., les monts d'Arrée (Roc'h Ruz en Plounéour-Menez, 385 mètres, Tuchen-ar-Gador en Botmeur, 384,9 mètres et Roc'h Trévézel en Plounéour-Menez, 384,8 mètres), prolongés vers l'E. par les landes du Méné (Bel-Air en Moncontour, 339 mètres). Au S., les montagnes Noires sont précédées à l'O. par quelques belvédères (Menez-Hom en Dinéault, 330 mètres ; Toul-Laeron

Ci-dessus
Il est encore possible, si on le fait sans hâte, de découvrir l'âme de la vraie Brière.

en Spézet, 318 mètres ; Roche-du-Feu en Gouézec, 219 mètres). Elles sont suivies, en direction du S.-O., par les landes de Lanvaux.

Il existe également des zones déprimées. Le bassin de Châteaulin, à l'O., est encadré par les hauteurs des monts d'Arrée et la montagne Noire, mais le bassin de Rennes s'étale largement de la Manche à la Loire. Au S. de Rennes, il est interrompu par l'alternance d'une série de crêtes et de vallées parallèles, perpendiculaires à la Vilaine dont le cours s'encaisse entre des falaises (Pléchâtel, Langon).

C'est une région faiblement peuplée. La nature y est ingrate. Les landes et les bois dominent. Essentiellement agricole, elle s'est orientée vers une production animale « hors sol » en utilisant les techniques les plus modernes. Autour du centre (Châteaulin, Landerneau, Guingamp, Saint-Brieuc, Loudéac, Rennes), la campagne est ponctuée de ces longs bâtiments neufs où l'on élève bovins, porcs et volailles. La Bretagne se place au premier rang français dans ces activités. Cette production est complétée par une très importante industrie agro-alimentaire (aliments pour bétails, abattoirs, etc.).

Mais la Bretagne intérieure est aussi — et même surtout pour le visiteur —, une terre fascinante dont les richesses sont souvent méconnues.

LA BRIÈRE (Loire-Atlantique)

Cette vaste étendue de marécages (6 700 hectares) est un des derniers endroits de Bretagne où l'homme peut vivre en harmonie avec la nature.

C'est une région d'aspect difficile, parcourue de canaux envahis par les roseaux et trempée de marécages à l'aspect inhospitalier. L'idéal serait de se rendre ici en hiver, quand les eaux atteignent leur plus haut niveau. Il est alors facile de parcourir lentement la Brière sur un *blin* (grand chaland à fond plat) et de se hasarder sur le dense réseau de canaux qui drainent la Grande-Brière. Quelle que soit la saison, il est indispensable de se faire accompagner par un Briéron.

Une charte de 1461

Il est encore possible de rencontrer la vraie Brière, celle qui fut cédée aux Briérons par une lettre patente du duc François II, en 1461. Cette charte, confirmée ensuite à plusieurs reprises par les rois de France, reconnaissait à tous les habitants de Brière la propriété commune et indivise de la région. Jusqu'à nos jours, l'administration de cette zone a été confiée à un comité composé de 21 syndics représentant les 21 communes de la Brière. Les marais appartiennent donc en propre aux Briérons qui, au cours des siècles, ont su défendre leurs privilèges contre les envahisseurs de tout poil. Pendant des siècles, la tourbe a constitué leur principale ressource. ■

L'aspect de la Brière n'a guère changé depuis des siècles. Bien sûr, quelques marécages ont été asséchés et transformés en pâturages, et quelques routes sillonnent maintenant la région. Mais il est encore possible de rencontrer la vraie Brière.

La plupart des villages sont bâtis sur des îlots granitiques où les maisons sont à l'abri des eaux capricieuses. Mais un Briéron ne construit jamais sa chaumière bien loin du canal, où son chaland reste amarré en permanence. La Grande-Brière est jalonnée de nombreux petits bourgs, aux maisons basses blanchies à la chaux et aux toits recouverts de chaume : Saint-Joachim, la capitale de la région, Kerhinet (musée du Chaume), Crossac, Saint-Malo-de-Guersac et Rozé (maison de l'Éclusier et parc ornithologique Pierre-Constant)…

Depuis 1970, la Brière a été transformée en un Parc régional qui s'étend sur 40 000 hectares (dont les 6 700 hectares de la Grande-Brière).

L'île de Fédrun, au S.-O. de Saint-Joachim, est sans doute le village de la Grande-Brière qui a su le mieux conserver son caractère traditionnel ; le bourg — très bien protégé — forme un ensemble cohérent avec ses maisons basses et blanches recouvertes de chaume. Elle a été choisie comme centre administratif du parc. On y trouve également la maison de la mariée et la chaumière briéronne (reconstitution d'un habitat ancien). Il ne faut pas, pour autant, négliger les deux autres îles, Pendille et Mazun.

Ci-dessus
Héron cendré.

Ci-dessous
Bécasseau variable.

FORÊT DE BROCÉLIANDE (Paimpont)

Vaste de plus de 7 000 hectares, riche de 14 étangs et de milliers de légendes, fière de plusieurs châteaux, Paimpont est — sous le nom de Brocéliande — un des hauts lieux de l'imaginaire breton.

Les Forges-de-Paimpont forment un village pittoresque, à l'orée de la forêt, avec ses chaumières, ses moulins et ses fontaines du 17e. Les « forges » existaient dès l'époque de la Renaissance, car on y exploitait alors le fer de Brocéliande. Elles fonctionnèrent activement aux 17e et 18e siècles.

Paimpont (à 4,5 kilomètres au N.-O.) est située sur les rives d'un étang. C'est, de très loin, la plus vaste commune d'Ille-et-Vilaine (plus de 11 000 hectares). On se rendra avec intérêt dans l'église abbatiale (13e, très remaniée aux 15e et 17e) ; il y a quelques vestiges romans. Les bâtiments abbatiaux (17e) ne manquent pas de grandeur.

De Paimpont, on atteint (à l'E.) l'étang du Pas-du-Houx, le plus vaste de la forêt. On aperçoit, dans le lointain, le manoir de Brocéliande.

À 3,5 kilomètres au N.-O. de Paimpont, la Haute-Forêt constitue la zone la plus intéressante, car la futaie y culmine à 255 mètres. C'est le point culminant de l'Ille-et-Vilaine.

Le château de Comper se trouve plus au N., à 3 kilomètres à l'E. de Concoret. Démantelé au 16e et brûlé pendant la Révolution, il ne fut reconstruit qu'en 1870. C'est un des endroits les plus fréquentés de la forêt. Dominant un étang, il se dresse au milieu des landes…

De Comper, reprendre la route de Concoret, puis descendre vers le S.-O. en direction de Tréhorenteuc. Mais, peu après la Saudrais, on s'arrêtera au hameau de Folle-Pensée pour gagner à pied (1,6 kilomètre)

Ci-dessous
Saint Judicaël créa ici le premier monastère de Paimpont. Les actuels bâtiments abbatiaux, sur les rives d'un étang, sont plus récents (17e).

Ci-dessus
Hêtre de Ponthus, dans la forêt de Brocéliande.

Ci-contre
Église de Tréhorenteuc.

la fontaine de Barenton. Si l'on verse l'eau de cette source sur le perron de Merlin, une tempête se déclenche : vent, pluie, grêle, éclairs et tonnerre. Puis un rayon de soleil vient apaiser la tourmente, et une multitude d'oiseaux envahit l'atmosphère. Il n'est pas interdit d'essayer.

On accède au Val-Sans-Retour ou Val-des-Faux-Amants (à 1 kilomètre au S.-E. de Tréhorenteuc) par des sentiers forestiers.

Citons deux points d'intérêt supplémentaires : à O., Tréhorenteuc, dont la petite église est un chef-d'œuvre de fantaisie, et, au S.-O., le château de Trécesson (début 15e).

La curieuse église de Tréhorenteuc
Tréhorenteuc, au cœur de Brocéliande, doit beaucoup à la personnalité peu commune de son ancien recteur, l'abbé Henri Gillard (1901-1979) qui, d'ailleurs, repose dans ce sanctuaire qu'il fit restaurer. Dans cette église, symboles chrétiens et païens se mélangent avec beaucoup de fantaisie. On notera la mosaïque du cerf blanc de Brocéliande, par Jean Delpech, et les étonnants tableaux réalisés, en 1946-1947, par un Allemand, Karl Rezabeck qui s'inspira, pour ses personnages, du recteur et de ses paroissiens ! Le grand vitrail du chœur est de Gruber. Toute la décoration est intéressante, mais parfois inattendue. ■

Ci-contre
Champeaux, près de Vitré, « recèle tant de trésors que l'on n'en finit pas de s'émerveiller », notait André Mussat. Tout y est intéressant (place, puits, église, stalles, vitrail…), mais le joyau est sans doute le tombeau surnommé « la chambre nuptiale », vestige unique du milieu 16e.

Page de gauche
Les rarissimes peintures sur bois (tout début 15e) de la chapelle Notre-Dame du Tertre, à Châtelaudren, constituent un des trésors artistiques de la Bretagne.

CHAMPEAUX (Ille-et-Vilaine)

Petite commune à l'écart des grands circuits touristiques, Champeaux n'en constitue pas moins un joyau d'architecture, avec sa place cernée de maisons de granit, son puits (1601) et son église. Reconstruit vers 1430, le sanctuaire est l'un des plus intéressants de Haute-Bretagne.

Dans la nef, la chapelle N. (15e) est en pierre. Celle du côté S. (16e) est en bois : elle renferme un riche vitrail de la Pentecôte (1529) et un autel à baldaquin, également de la Renaissance.

Le chœur (1522-1550) recèle une verrière de la Crucifixion (début 16e) et un tombeau, surnommé « la chambre nuptiale ». Ce monument, haut de 6,70 mètres, fut édifié en l'honneur de Guy III d'Espinay, décédé en 1553, et de sa femme, Louise de Goulaine, morte quatorze années plus tard. Ce mausolée unique, en pierre blanche et en marbre rouge et noir, contient, sur deux étages, les statues couchées, entièrement nues, de Guy III et de son épouse.

CHÂTEAUBRIANT (Loire-Atlantique)

Bâtie sur une colline basse, entourée de bois et d'étangs, la ville prit naissance, semble-t-il, à l'endroit même où s'était installée la tribu gauloise des Cadètes. Au 11e siècle, le seigneur des lieux, Briant — auquel la cité doit son nom — éleva la première forteresse. Le château actuel se compose du Vieux-Château (11e, remanié) et du Château-Neuf. Des constructions de Briant, il reste surtout le donjon carré qu'on atteint par un châtelet du 13e. La cour d'honneur offre un contraste frappant entre la partie médiévale et le palais Renaissance (1533-1539).

Près du château, quelques maisons sont anciennes. C'est le cas rue de Couéré, qui est bordée de trois demeures du 15e, dont la maison de l'Ange.

L'église Saint-Nicolas, dans le centre, est un sanctuaire du 19e, mais Saint-Jean-de-Béré est un édifice des 11e et 12e (remanié au 17e), situé au N.-O., à proximité de la route de Rennes.

Le capitaine Hugo à Châteaubriant

C'est à Châteaubriant que la jeune Nantaise Sophie Trébuchet rencontra, au cours de l'été 1796, le capitaine Hugo. Mariés le 15 novembre 1797 à Paris, ils auront trois enfants : Abel, Eugène et Victor. Les femmes qui ont le plus compté dans la vie de l'écrivain étaient bretonnes ou d'origine bretonne : sa mère, son épouse Adèle Foucher et sa maîtresse pendant trente ans, Juliette Drouet. ■

CHÂTELAUDREN (Côtes-d'Armor)

L'ancienne capitale du Goëlo possède un des trésors artistiques de la Bretagne. C'est, en effet, dans sa chapelle Notre-Dame-du-Tertre (début 15e, remaniée) que l'on trouve de rarissimes peintures sur bois de la fin du 15e. Sur la voûte du chœur, 96 tableaux représentent divers épisodes de la Bible ; dans la chapelle S., 32 autres illustrent la vie de saint Fiacre et de sainte Marguerite. Sans atteindre la finesse des fresques de Kernascléden, les peintures de Châtelaudren sont cependant remarquables. On peut enfin, grâce à un éclairage, en apprécier les détails.

Ci-dessus
Le château de Fougères fut un des plus imposants de France. Situé au fond d'une vallée – ce qui surprend aujourd'hui –, il était alors entouré d'étangs et de marais, ce qui le rendait pratiquement imprenable.

FOUGÈRES (Ille-et-Vilaine)

Située à la frontière de la Normandie et du Maine, Fougères était au Moyen Âge une importante place forte puisqu'elle commandait une des entrées de la Bretagne. C'est aujourd'hui une calme sous-préfecture connue, depuis le 19e siècle, pour ses usines de chaussures.

C'est de la place aux Arbres, le jardin public, qu'il faut découvrir la vieille cité du Moyen Âge. À l'angle N.-O. du jardin, on découvre les restes d'une tour carrée, dite tour du Papegaut (14e).

Près du jardin, l'église Saint-Léonard possède une façade de 1880, de style flamboyant, et trois nefs des 15e et 16e. Tout proche, l'hôtel de ville (1535) contient une salle voûtée (12e) et de jolies cheminées. Rue Nationale, le musée du peintre Emmanuel de La Villéon (1858-1944) se trouve dans la seule maison à porche de la cité. À proximité, musée de l'Horlogerie.

La ville haute présente quelques belles maisons (voir, par exemple, le 18 de la rue Chateaubriand). Le beffroi est de 1387.

En empruntant la rue de la Fourchette, on arrive à la porte Notre-Dame, entourée par deux tours à mâchicoulis puis à l'église Saint-Sulpice et son clocher d'ardoises pointu. Elle a été construite au 15e dans le style gothique flamboyant, puis remaniée aux 16e et 18e. Dans les transepts, on trouve deux beaux autels avec des retables de granit sculptés dans la muraille : l'autel de gauche possède une statue de Notre-Dame-des-Marais (la tradition assure qu'elle date du 11e).

On pénètre dans le château par la tour carrée de la Haye-Saint-Hilaire (rare spécimen de fortifications du 13e). Autour du donjon — rasé en 1166 —, treize tours subsistent, construites du 12e au 15e. On les découvre en empruntant le chemin de ronde situé autour de l'enceinte principale.

Ci-dessus
Forêt de Huelgoat : mariage du minéral et du végétal.

HUELGOAT (Finistère)

Huelgoat est un lieu plus mythique que réel. Sa forêt — parsemée de chaos rocheux où bruissent les torrents —, ses souvenirs historiques et préhistoriques le chargent, pour les Bretons, d'une signification particulière.

Le circuit normal de visite des curiosités naturelles de Huelgoat part du lac et suit plus ou moins le cours de la rivière d'Argent. Les amoncellements de rochers ou leur position curieuse ont été désignés par des appellations évocatrices : chaos du Moulin, grotte du Diable, la roche Tremblante, le ménage de la Vierge, le Champignon… À quelques centaines de mètres dans la forêt, au N. de la route de Carhaix, au bout du sentier des Amoureux, se trouve la grotte d'Artus, où dort Arthur, roi des Bretons.

LANRIVAIN (Côtes-d'Armor)

Loin des grands circuits touristiques, au cœur même de la Bretagne intérieure, Lanrivain est une bourgade nichée dans la verdure. Le cimetière recèle un ossuaire (15e) mais c'est surtout le calvaire (16e) qui est digne d'intérêt ; remarquer notamment les larrons crucifiés.

À 1 kilomètre de là se trouve la chapelle Notre-Dame-du-Guiaudet (fin 17e), haut lieu de pèlerinage depuis 1692. Le carillon électrifié (16 cloches) joue deux cantiques en breton.

Les gorges de Toul-Goulic (à 3 kilomètres de Lanrivain) ne manquent pas de pittoresque. C'est dans ce chaos de rochers granitiques arrondis que le Blavet disparaît sur quelques centaines de mètres : on l'entend d'ailleurs gronder sous les rochers.

MENEZ-BRÉ (Côtes-d'Armor)

Il y a deux moments privilégiés pour découvrir le Menez-Bré (302 mètres d'altitude), en Pédernec. Par temps clair et lumineux, quand le vaste horizon semble s'étendre à l'infini. Et par forte tempête, quand les bourrasques se déchaînent contre cette montagne esseulée.

La chapelle Saint-Hervé, qui se dresse sur la crête, était jadis fréquentée pour ses vertus bénéfiques sur le cuir chevelu (bien que le Menez-Bré soit chauve lui-même).

MONTAGNES NOIRES

C'est ici, peut-être, que se trouve la vraie Bretagne — la plus secrète, en tout cas. Elle attire pourtant moins les touristes qui, aux joies de la découverte individuelle, préfèrent les chemins balisés et encombrés. Les montagnes Noires sont, en fait, des collines arrondies. Elles culminent à 318 mètres au Roc'h-Toul-Laeron (c'est-à-dire caverne des larrons) en Spézet, au N. de Gourin ; elles sont donc sensiblement moins élevées que les monts d'Arrée.

Comme ceux-ci, elles sont surtout composées de grès durs et de quartzite. Les vastes étendues de forêts qui les recouvraient jadis — d'où, sans doute, leur nom — n'ont subsisté qu'à la forêt de Laz et dans quelques bois de moindre importance.

MONTS D'ARRÉE (Finistère)

Quatre sommets se disputent le titre envié de point culminant : le Roc'h Ru (385 mètres), Tuchenn-ar-Gador — surnommé signal de « Toussaines » en français — (384,9 m), le Roc'h Trévézel (384,83 mètres), le Roc'h Trédudon (383,2 mètres) et le mont Saint-Michel-de-Brasparts (381,9 mètres). Les chiffres varient selon les auteurs et les habitants…

Ces monts forment un bassin naturel où l'Ellez prend sa source. L'aspect désertique et même fantastique de ce paysage hors du temps a donné aux lieux une signification particulière. Le fond de ce cirque est constitué par le yeun Ellez, c'est-à-dire le marais de l'Ellez. Celui-ci est devenu un lac dont l'eau a servi, de 1966 à 1985, au refroidissement d'une centrale nucléaire. Le caractère étrange de ce pays perdu n'en a pas été modifié pour autant. Et les feux follets sont toujours au rendez-vous… Gardienne des âmes des morts qui errent sur ce marais, une chapelle est campée au sommet du mont Saint-Michel-de-Brasparts, en Saint-Rivoal. La ferme Saint-Michel, sur la commune, accueille des expositions.

L'écomusée des monts d'Arrée, aux Moulins de Kerouat, en Commana, fait partie du Parc d'Armorique (qui regroupe 33 communes associées au département et à la Ville de Brest), dont le centre directeur, le domaine du Ménez-Meur est situé à Hanvec, à quelque 9 kilomètres de Saint-Rivoal.

Page de gauche
Montagnes Noires.

Ci-dessus
Forêt de Quénécan.

PLOËRMEL (Morbihan)

L'église Saint-Armel, de style gothique flamboyant et Renaissance, comporte surtout une façade N. d'une étonnante richesse de sculpture. À l'intérieur, très belle verrière de l'arbre de Jessé (16e).

Grâce aux frères de l'Instruction chrétienne, le nom de Ploërmel est connu dans le monde entier puisqu'ils sont présents dans une vingtaine de pays.

QUELVEN (Morbihan)

La commune de Guern possède une église sans grand intérêt, alors que sa remarquable chapelle Notre-Dame, au hameau de Quelven, est un des hauts lieux spirituels de la Bretagne intérieure. Campé sur une colline qui domine toute la région, le sanctuaire (fin 15e-16e) est impressionnant, et on l'aperçoit de plusieurs lieues à la ronde.

À l'intérieur, on remarque des ogives du chœur et du transept, les sablières de la nef, deux vitraux du 16e, une frégate ex-voto du 18e, la tribune seigneuriale et un bas-relief en albâtre (couronnement de la Vierge) du 16e. La statuaire comprend un groupe de saint Georges et saint Herve et son loup ; mais le joyau est une statue ouvrante (15e) de la Vierge.

FORÊT DE QUÉNÉCAN (Morbihan)

Le massif que borde le lac de Guerlédan comporte de nombreux points d'intérêt. Le barrage hydroélectrique a été construit de 1923 à 1929 (205 mètres de long et 45 mètres de haut).

L'église de Saint-Aignan, très rénovée en 1893-1895, est du milieu 16e ; elle recèle un remarquable arbre de Jessé. Le hameau est dominé par la chapelle Sainte-Tréphine (1897).

En empruntant une route forestière au S. de Saint-Aignan, on atteint le cœur de la forêt. Beaucoup de lieux dans ce massif de 2 300 hectares font référence aux forges, qui figurent parmi les plus anciennes de la contrée. Dans la forêt, les sites agréables abondent, tel le Breuil-du-Chêne, à 1 kilomètre à l'E. de Sainte-Brigitte. Une promenade en bateau sur le lac permet la découverte des gorges du Blavet.

ROCHEFORT-EN-TERRE (Morbihan)

Sertie dans un site agréable, cette ville fleurie a beaucoup de charme. Il y a des demeures anciennes, une église des 16e-17e et les vestiges d'un château qui était à l'abandon quand un artiste américain, Alfred Kots, l'acheta en 1904. La ville et le musée accueillent des peintres américains « en résidence ».

SAINT-HERBOT (Finistère)

Le site verdoyant de Saint-Herbot, en Plonévez-du-Faou, est placé sous les auspices de saint Herbot, patron des bêtes à cornes. Sa chapelle (14e-16e), de style gothique, est un monument de très grande qualité (notamment le portail principal de 1516).

Toute la zone de Saint-Herbot est une des plus belles de la Bretagne intérieure, difficile d'accès mais, par là même, plus séduisante que des sites plus connus et plus fréquentés.

Herbot, saint vétérinaire

Saint Herbot, comme son confrère saint Cornély (dont le nom était prédestiné), est le saint protecteur des bêtes à cornes. Dans le Finistère, Saint-Herbot n'est pas une commune mais un hameau de Plonévez-du-Faou. Naguère encore, les paysans venaient en pardon déposer sur une table de pierre des touffes de crin, prises à la queue de leurs vaches et de leurs bœufs, afin d'obtenir la protection du saint vétérinaire.

Ci-dessus
Rochefort-en-Terre, rendez-vous des artistes et des amoureux des fleurs.

Page de droite
Château néogothique de Trévarez (fin 19e), restauré.

SAINT-SULPICE-DES-LANDES (Loire-Atlantique)

L'église du Vieux-Bourg, récemment restaurée, possède de rarissimes peintures murales (début 15e) ; certaines scènes sont remarquables, tels ces Anges musiciens et cette Pendaison de Judas où l'on voit Satan arracher l'âme de l'apôtre par le bas-ventre…

Au N., à proximité de la route Châteaubriant-Angers, le château de la Motte-Glain, en La Chapelle-Glain, est un édifice de la fin du 15e et du début 16e. Il y a un petit musée de la Chasse à l'intérieur.

SPÉZET (Finistère)

La chapelle Notre-Dame-du-Crann est l'un des rares sanctuaires ruraux à avoir conservé son mobilier originel et, surtout, ses verrières. L'édifice, de 1532-1535, est surmonté d'un lanternon Renaissance que l'on peut atteindre, de l'extérieur, par un escalier de pierre taillé sur le rampant du toit. Les vitraux, de 1545-1550, sont d'influence allemande (Rhénanie) et italienne.

Sur toute sa longueur, l'Aulne canalisée est bordée d'un chemin de halage qui en fait une des plus belles promenades de la région.

TRÉVAREZ (Finistère)

À la lisière de la forêt de Laz se trouve le remarquable domaine de Trévarez (180 hectares), en Saint-Goazec, propriété du Département. Il comprend deux parties : l'ancien manoir (106 hectares), transformé en ferme expérimentale, et le château, construit de 1894 à 1906 sur un roc dominant la vallée de l'Aulne. De style néogothique, il a été bâti, au tout début du siècle, sur le modèle de Courances (Essonne). Bombardé par la Royal Air Force en 1944, il fut saccagé. Il est en cours de restauration.

Le parc de 75 hectares contient une immense forêt et 12 km d'allées et de sentiers. Des centaines de variétés de rhododendrons, camélias, azalées et hortensias constituent une collection exceptionnelle. Un musée archéologique, aménagé à l'extrémité des fastueuses écuries, raconte l'histoire des récentes découvertes réalisées à Saint-Thois et Saint-Goazec. Le château abrite, en toutes saisons, diverses animations. Le cimetière préhistorique (âge du bronze), découvert à Saint-Goazec en 1977, a été reconstitué à Trévarez à partir des dalles de schiste constituant 19 sépultures en coffre.

Des villes à découvrir et à aimer

La Bretagne ne connaît qu'une seule grande agglomération, Nantes.
Mais beaucoup de ses villes – petites ou moyennes – méritent d'être découvertes.

Page de gauche
Deux siècles et deux mondes ici se toisent... Le 19e avec le clocher de l'église néogothique Saint-Nicolas (1844), qui culmine à 85 m, et le 20e avec l'orgueilleuse tour Bretagne (1976), qui se hisse à 145 m. Avec ses 32 étages et ses 16 000 m^2, le gratte-ciel fut conçu pour représenter la puissance économique et le dynamisme de la ville... mais même son restaurant panoramique a dû fermer, et la tour – signe des temps – est devenue un temple de l'administration.

AURAY (Morbihan)

Un site bien choisi : un promontoire au fond d'une ria. Ce qui permet à la ville d'être à la fois tournée vers la terre et la mer. Pas de monuments exceptionnels, mais beaucoup de charme et d'authenticité. Par un vieux pont de pierre, le voyageur accède au port de Saint-Goustan, jadis très actif. L'Histoire est au rendez-vous : une grande bataille en 1364, la chouannerie, l'arrivée de Benjamin Franklin en 1776. On visitera la goélette-musée puis, à proximité de la ville, le hameau de Kerléano, où naquit le chef chouan Cadoudal (mausolée). À 6 kilomètres au N., Sainte Anne d'Auray est le lieu du plus grand pardon de Bretagne, à la suite des apparitions de la Vierge à un paysan, en 1623.

BREST (Finistère)

Brest occupe un site exceptionnel. Construite sur un plateau, la ville domine l'immense rade où peuvent accéder les plus gros navires et même les sous-marins atomiques. Accessible par un étroit goulet (1,8 kilomètre de large au maximum), elle est aisément défendable. Cela explique la vocation militaire et maritime de Brest depuis quelque 2 000 ans (les Romains, déjà, y avaient élevé de puissantes fortifications). Cela explique aussi que, pendant la Seconde Guerre mondiale, les avions alliés se soient acharnés à détruire cette base navale.

Il ne reste presque rien de l'ancien Brest : le château est occupé par la préfecture maritime (musée national de la Marine) ; la tour de la

Ci-dessus
Il ne reste presque rien de l'ancien Brest, détruit par les bombardements de la Seconde Guerre mondiale. Le château (15e-16e) est cependant toujours là ; il accueille la Préfecture maritime.

Motte-Tanguy (16e, très restaurée) abrite le musée d'Histoire de Brest. Square du Commandant-L'Herminier, une porte du 17e se dresse, isolée, au milieu d'une place moderne. La rue de Siam a été restructurée (fontaines).

Océanopolis, à proximité du port de plaisance du Moulin-Blanc, rue de Kerbriant, a été ouvert en 1989. Ce centre de culture scientifique et technique consacré à la mer comprend les plus grands aquariums à ciel ouvert d'Europe.

Ce musée de la mer continue de grandir ; de nouveaux espaces (dont la plus grande manchotière du monde) ont été ouverts en l'an 2000.

Un bouillant chanoine

Le chanoine Charles Meinser (1886-1962) mériterait de figurer au livre des records : nommé directeur de l'école des Cordeliers de Dinan à 27 ans, il resta à la barre… pendant quarante-sept ans (1914-1961). Né à Paris dans une famille venue de Lorraine, il fit d'ailleurs ses études aux Cordeliers puis au grand séminaire de Rome. Sa parfaite connaissance de l'allemand, qu'il enseigna, son sens inné d'une diplomatie à la prussienne et son génie de l'improvisation firent de lui un interlocuteur redoutable quand, à partir de 1940, l'ennemi réquisitionna une partie de l'école. Résistant hors norme et hors pair, il sauva de nombreux enfants juifs. ■

Ci-dessus
Dinan (à droite) et Lanvallay (à gauche) ne sont séparées que par le Vieux-Pont (« dont il serait indécent de demander l'âge », écrit Florian Le Roy, et de fait il fut plusieurs fois reconstruit). Ici transitaient jadis les toiles fabriquées par les tisserands de Dinan (il y en avait encore 1 500 au début du 19e siècle). Le viaduc qui enjambe la vallée de la Rance ne date que de 1852.

DINAN (Côtes-d'Armor)

Dinan est une des villes fortifiées les plus séduisantes de France. Le site lui-même est exceptionnel : au lieu de se recroqueviller dans sa vallée, comme Morlaix, Dinan s'est surtout développée sur sa colline d'où elle surplombe, de quelque 70 mètres, le cours de la Rance. Des hauteurs de Lanvallay (route de Rennes), la cité présente son visage le plus fascinant avec son viaduc, ses remparts, ses tours et ses clochers.

On peut commencer la visite par la place du Champ, et de là, gagner, par la rue Sainte-Claire, la place du Théâtre. Une demeure à piliers occupe le côté gauche : c'est l'hôtel de Keratry (16e). À deux pas, le théâtre des Jacobins a été construit à l'emplacement d'un couvent fondé en 1224, dont il reste quelques vestiges à l'intérieur.

On remarque, tout près, la rue de l'Horloge avec ses maisons du 15e et du 16e et, surtout, son beffroi (fin 14e), haut de 30 mètres.

Revenons sur nos pas pour emprunter la rue de Léhon, qui nous conduira à la porte Saint-Louis (1620) qu'il convient de franchir pour avoir une vue générale du « château ». Il n'y avait plus de forteresse depuis un siècle quand, à la fin du 14e, fut construite la tour de la Duchesse-Anne. Elle abrite aujourd'hui un musée de grand intérêt. La porte du Guichet (14e), permet de gagner l'entrée du château. Seule la fête des Remparts permet de visiter toutes les fortifications de la ville.

Au pied du donjon débute la promenade des Petits-Fossés, qui nous conduit à la ruelle du Trou-au-Chat. De là on gagne la rue de la Cordonnerie, bordée de maisons en encorbellements (15e). Elle débouche sur la place des Merciers où, à l'intérieur de la maison de la Mère-Pourcel, se voit un remarquable escalier de bois du 16e.

La place des Cordeliers conserve quelques maisons à porche (16e) et le portail (15e) du couvent des Cordeliers, fondé vers 1245. Il ne reste rien de l'établissement primitif, et la majeure partie des bâtiments fut élevée au 15e siècle. De cette époque datent, notamment, le cloître, la cour d'honneur (tour du Capitole) et la salle capitulaire.

Tout près, au n° 4 de la Grand'Rue, se dresse la remarquable tourelle à pans coupés de l'hôtel de Plouër (début 16e ; certaines adjonctions sont du 18e).

Puis voici l'église Saint-Malo, commencée à partir de 1489. De style gothique flamboyant, elle ne fut achevée que vers 1865. Elle s'ouvre, au S., par un double portail Renaissance.

De là, revenir par la Grand'Rue vers la place de l'Apport où se trouve un ensemble exceptionnel de maisons à porche (restaurées).

Sur la gauche, en descendant la rue Haute-Voie, noter un portail Renaissance ; il ouvre sur la cour de l'hôtel Beaumanoir (1535).

L'étroite rue de la Larderie permet de gagner la basilique Saint-Sauveur. Depuis l'époque romane, chaque siècle a laissé sa marque au sanctuaire. La partie basse de la façade (noter les sculptures en saillie d'animaux ailés au-dessus du tympan moderne) et la côtale S. sont du 12e. L'église a été largement reconstruite à la fin du 15e et au 16e,

Ci-dessous

Les rues du Jerzual et du Petit-Fort relient le cœur historique de Dinan au port de plaisance.

Ci-dessus à gauche
La tour de la Duchesse-Anne (14e siècle), où se trouve le musée.

Ci-dessus à droite
La superbe nef de la cathédrale Saint-Samson de Dol.

mais elle n'a jamais été vraiment achevée (il y manque un bas-côté). L'intérieur est sombre, oppressant, mais les points d'intérêt ne manquent pas : cuve baptismale (12e), verrière des Évangélistes (fin 15e), retable du Rosaire, et, tout près, cénotaphe Empire où repose, depuis 1810, le cœur de Bertrand Du Guesclin, monumental maître-autel à baldaquin (18e).

Le jardin Anglais s'étend derrière le sanctuaire près des anciens remparts dominant le cours de la vallée enchantée. À proximité, dans l'ancien couvent-hospice des Catherinettes (17e), nouvelle bibliothèque-médiathèque ouverte en 2005.

Un viaduc (250 mètres de long et 40 mètres de haut) relie Dinan à Lanvallay depuis 1852. Du jardin Anglais, par la rue du Rempart et la venelle Michel, on rejoint les rues du Jerzual et du Petit-Port qui, dans le prolongement l'une de l'autre, descendent jusqu'au port. Autres points d'intérêt de Dinan : musée de la Grande Vigne (sur le port) et musée du Rail (gare).

DOL-DE-BRETAGNE (Ille-et-Vilaine)

La cathédrale Saint-Samson (13e) est très influencée par le style gothique normand mais aussi, à un degré moindre, par le style anglais. C'est un des monuments les plus remarquables de Bretagne. La façade O., avec sa porte rectangulaire du 12e — vestige de la cathédrale romane —, est encadrée par deux tours : celle de gauche, commencée au 16e, est restée inachevée. L'autre date du 15e, et son campanile du 17e. La nef comporte trois étages : les grandes arcades qui reposent sur des piliers consolidés par quatre colonnes secondaires ; le triforium ;

les fenêtres hautes avec, à leur base, une galerie de circulation. Le chœur, d'inspiration anglaise, est terminé par un chevet plat ; le grand vitrail (fin du 13e) est un des plus anciens de Bretagne. À proximité du sanctuaire, le musée du Cathédraloscope est une riche introduction à un sujet mal connu ».

La grand'rue des Stuarts possède plusieurs maisons anciennes dignes d'intérêt : au 15, la maison des Plaids, avec ses belles arcades, qui est pratiquement le seul exemple d'architecture civile romane (12e) en Bretagne ; au 18, le logis de la Croix-Verte (12e-16e) ; au 27, la maison de la Guillotière (15e) ; au 32, la cour des Chartiers (15e) et, au 33, un bel hôtel du 17e. Le mont Dol (65 mètres) est au N. de la ville.

GUINGAMP (Côtes-d'Armor)

La ville doit son origine aux artisans et commerçants de la région qui firent fortifier le village afin de se protéger contre les hordes vikings et normandes. Tréguier et Lézardrieux avaient, d'ailleurs, été pillées. Place forte, Guingamp fut aussi cité ducale aux 14e et 15e, lorsque le bienheureux Charles de Blois et Pierre II y résidaient.

La place du Centre et les rues avoisinantes offrent au regard les façades de leurs maisons à colombages (16e) ou en granit (17e et 18e). En flânant, on remarquera quelques portes de la Renaissance bretonne, dont celle de la cour du « Relais du Roy » qui s'ouvre sur un grand escalier de pierre. Dans la partie haute de la place du Centre, la belle fontaine à l'italienne a été construite pendant la Renaissance et restaurée au 18e.

La basilique Notre-Dame-de-Bon-Secours est un édifice de style composite. À l'origine, ce sanctuaire était, en fait, la chapelle du château. Mais au 11e, il constitua le siège d'une nouvelle paroisse. Il fut reconstruit aux 14e et 15e dans le style gothique.

Entre les deux tours de la façade O., s'ouvre le portail Renaissance dont les deux baies sont surmontées d'une vaste fenêtre. Le tympan et les voussures en sont richement ornés. Au-dessus de chaque porte, deux personnages accueillent le visiteur. La face N. est de style gothique, mais la façade S. et la façade principale sont Renaissance. C'est par le grand porche du flanc N. que l'on entre dans un oratoire extérieur où se trouve la statue de Notre-Dame-de-Bon-Secours qui est l'une des rares Vierges noires de France. Le pardon de

Ci-dessous à gauche
Mairie (1699) de Guingamp.

Ci-dessous à droite
Guingamp : détail de la fontaine.

Ci-dessus
Locronan : maisons en pierre de taille sur la place de l'Église. La cité dut sa richesse à ses toiles (lin et chanvre) ; elle accueille aujourd'hui divers artisans d'art et touristes.

Notre-Dame-du-Bon-Secours a lieu dans la nuit du samedi au premier dimanche de juillet.

L'hôtel de ville (1699), ancien couvent des augustines, a une imposante façade qu'agrémente une chapelle baroque (1709), caractéristique de l'art de la Contre-Réforme en Bretagne. Tout près, au S., longeant le Trieux, on peut voir les vestiges des remparts et du château (milieu 15e), démantelé en 1626 sur l'ordre de Richelieu.

LOCRONAN (Finistère)

Locronan possède sans doute le plus séduisant ensemble d'architecture civile de Basse-Bretagne.

La place pavée et régulière est ornée d'un puits en son centre. Elle offre un ensemble unique de maisons en pierres de taille, des 16e et 17e, époque où l'industrie de la toile faisait la prospérité de la ville. La commune possède un petit musée (ouvert en saison).

Côte à côte, se dressent l'église Saint-Ronan du 15e et la chapelle du Penity, des 15e et 16e, qui communiquent entre elles.

L'église est très homogène ; commencée en 1420, elle sera terminée vers 1480 par la pose de la grande verrière. L'intérieur offre un rare exemple en Bretagne d'église voûtée de pierre. En raison de la déclivité du terrain, le sanctuaire est à deux niveaux. La chaire à prêcher (1707) raconte, à travers ses 10 médaillons, les principaux faits de la vie de saint Ronan. Dans le bas-côté droit, un exemple de la sculpture sur bois de la fin du Moyen Âge nous est donné par une saisissante statue du Christ attendant le supplice. D'autres statues représentent Ronan, Corentin et Christophe. Le retable du Rosaire est de 1668. Trésor à la sacristie.

Rongée par une lèpre verte, en raison des sources qui coulent sous l'édifice, la chapelle du Penity renferme une grande Déploration (1517) polychrome, sculptée en pierre, et le gisant de saint Ronan, revêtu de ses ornements et coiffé d'une mitre. Ce monument en kersanton date du milieu du 15e.

Le Grenier

Par une ruelle à pente raide qui s'ouvre au N. de la place, on parvient à la chapelle de Notre-Dame-de-Bonne-Nouvelle (15e au 17e), surmontée d'un lanternon Renaissance. Elle renferme une Mise au tombeau (16e).

Tous les six ans (2007, 2013…) se déroule à Locronan un pardon presque unique en son genre : la Grande Troménie, déformation de « tro minic'hi », le tour des terres monastiques. Il s'agit d'une procession de 12 à 13 kilomètres, qui reprend l'itinéraire que, dit-on, le saint empruntait chaque semaine. Les cérémonies s'ouvrent, un dimanche matin de juillet, par le salut des bannières. L'après-midi, la procession se déroule au son des tambours. La Petite Troménie, elle, a lieu — le deuxième dimanche de juillet — tous les ans sauf les années de Grande Troménie ; elle comporte 4 à 5 kilomètres.

Les frères Daniélou

Fils du député maire de Locronan, Jean et Alain Daniélou ont l'un et l'autre fait preuve d'une activité remarquable. Jean (1905-1974) devint théologien, cardinal et académicien. Alain (1907-1994) fit un tour du monde dans les années trente puis s'installa en Inde où il vécut plus de vingt-cinq ans. Il est l'auteur de très nombreux ouvrages, dont *Le Chemin du labyrinthe* (réédité en 1993) où il évoque son enfance à Locronan. ■

Page de gauche
Locronan : église Saint-Ronan (15e) et chapelle du Pénity (15e-16e).

Ci-contre
Locronan : Grande Troménie de 1995.

Ci-dessus et page de droite
Festival interceltique de Lorient.

LORIENT (Morbihan)

Abritée au fond de sa rade où se jettent le Scorff et le Blavet, Lorient est, à l'origine, étrangère à la terre bretonne. C'est en 1666 que, par ordonnance royale, naquit la ville de L'Orient, où furent établis des chantiers de constructions navales. Elle devient bientôt le siège de la Compagnie des Indes.

Il reste peu de chose du vieux Lorient : deux pavillons Louis XV — construits par Gabriel pour la Compagnie des Indes — situés à l'entrée de l'arsenal de la Royale ; la tour de la Découverte (18e) qui domine le port, et les deux moulins à poudre de l'amirauté dont l'un abrite le Musée naval. Non loin, quelques hôtels de la Compagnie des Indes, quai des Indes, bordent le bassin à flot.

La ville a été reconstruite après les terribles bombardements qui la détruisirent de 1941 à la reddition de sa garnison allemande, le 8 mai 1945. Le centre fut rebâti selon une géométrie quelque peu sévère, mais, suivant la tradition, les façades des maisons sont toujours d'une blancheur éclatante. Lorient, ville en pleine expansion, est reliée à Paris par l'aéroport de Lann-Bihoué, en Ploemeur. À visiter : ancienne base allemande de sous-marins et la *Thalassa* (ancien chalutier de l'Ifremer).

Chaque année, durant la première semaine d'août, se déroule à Lorient l'important Festival interceltique. Près de Ploemeur, un conservatoire de musique, chants, danses et sports traditionnels de Bretagne a été inauguré en 1981.

L'Inde et la Bretagne

La ville de Lorient fut construite, au 17e siècle, pour accueillir la Compagnie des Indes orientales. Les dix premiers vaisseaux partirent pour Surate, au nord de Bombay, en 1666, et la première cargaison arriva en Bretagne en 1669. Toutes les marchandises orientales transitèrent alors par Lorient. À noter que beaucoup de personnalités (aventuriers, administrateurs, religieux, écrivains) furent ou sont encore liées à l'Inde et à la Bretagne : Pierre-Olivier Malherbe, Dupleix, La Bourdonnais, Madec, Alfred de Bréhat, Pierre Maël, Chevrillon, Jean Sulivan, Alain Daniélou, le colonel Rémy, Henri Dumont, Françoise Andlauer et Nicole Balbir. Aujourd'hui encore, les copies d'examens (bac) du Lycée français de Pondichéry sont corrigées dans l'académie de Rennes. ■

MALESTROIT (Morbihan)

L'église Saint-Gilles est d'origine romane ; on notera les sculptures (11e) encastrés dans un des murs extérieurs (l'ombre du bœuf fait, dit-on, songer au profil de Voltaire !). La ville possède de belles demeures du 15e et 16e. À 3 kilomètres au S.O., dans les landes de Lanvaux, riche musée de la Résistance bretonne, à Saint-Marcel.

Ci-dessous
La plaisante ville de Morlaix, connue pour ses maisons « à lanternes », est dominée par son viaduc (1863). La manufacture des tabacs, fondée en 1736, a fermé en 2004.

MORLAIX (Finistère)

Il reste de nombreux vestiges de la ville ancienne — qui fut jadis la troisième de Bretagne —, mais la physionomie de la cité des 16e et 17e siècles s'est profondément modifiée. Le viaduc qui l'enjambe et l'écrase date de 1863. Haut de 58 mètres, il mesure 292 mètres.

Pour visiter la ville, on peut partir de la place des Otages, au centre. Au N. se dresse le viaduc, au S. l'hôtel de ville (1845). Près du pont, vers l'E., un escalier de pierre conduit à l'église Saint-Melaine. De style gothique flamboyant, ce sanctuaire possède une tour à lanternon moderne, un beau buffet d'orgue (17e), du mobilier ancien et une rare statue de sainte Rose de Lima, patronne du Nouveau Monde.

Sur les marches, noter, à gauche, l'hôtel du Parc (Renaissance bretonne). Puis prendre, derrière l'église, la rue Ange-de-Guernisac, bordée de maisons en encorbellement bâties en pierres du pays (granit et schiste bleuté). Place de Viarmes, on rejoint la place des Jacobins non par la rue d'Aiguillon, très fréquentée, mais par la pittoresque rue du Fil. Ceux qui

ont de bons jarrets pourront grimper les escaliers de la venelle des Fontaines et continuer par la rue Sainte-Marthe jusqu'au Carmel où ils verront la fontaine des Carmélites adossée à l'ancienne façade de la chapelle. Place des Jacobins, l'ancienne église des Dominicains ou Jacobins a été transformée en musée après avoir été caserne.

Derrière le couvent des Jacobins, on peut longer la pittoresque allée du Poan-Ben où coule le Jarlot, à découvert. Arrivé route de Paris, prendre à droite la rue des Bouchers jusqu'à l'église Saint-Mathieu. De l'édifice ancien, il reste essentiellement la grosse tour (16e).

En sortant de l'église, prendre la rue du Mur jusqu'à la place des Halles, entourée de maisons anciennes (dont la maison de la reine Anne, début 16e). La plupart de ces maisons sont « à lanternes », c'est-à-dire que l'escalier intérieur, à vis, est éclairé par une baie vitrée ou « lanterne ». La maison à Pondalez, 9, Grand'Rue, est une des plus connues.

Ci-dessous

Nantes, quai de la Fosse. On aperçoit, à gauche, le dôme de Notre-Dame de Bon-Port (1846).

NANTES (Loire-Atlantique)

Située dans une région de passage, au confluent de la Loire, de l'Erdre et de la Sèvre, Nantes a connu une histoire riche en péripéties et en malheurs de toutes sortes. Sa position maritime apparemment inconfortable — à cheval entre la Bretagne et la Vendée, à proximité du Bassin parisien par la Loire — en a fait la principale ville de l'Ouest et une métropole dont le patrimoine artistique et culturel est de premier ordre. Nantes Métropole (600 000 habitants, 24 communes) constitue la sixième agglomération française.

Ci-dessus
Angle du cours Franklin-Roosevelt (à gauche) et de la place de la Petite-Hollande (à droite).

Les hasards de l'histoire ont fait que les deux parties les plus intéressantes de la ville sont rigoureusement distinctes avec, à l'E., une petite cité médiévale composée notamment de la cathédrale et du château et, à l'O., un remarquable ensemble architectural du 18e.

Le château est, sans doute, le monument qui a le plus contribué à l'essor et au renom de la ville. Il servit de résidence à plusieurs ducs de Bretagne et fut le cadre de nombreux mariages et traités historiques. Il est entouré de larges douves, aménagées dans leur plus grande partie en parterres. L'entrée principale (rue des États) est flanquée de deux grosses tours, la tour de Pied-de-Biche et la tour de la Boulangerie (15e) percées de meurtrières et de fenêtres grillagées. De l'autre côté du château, face à la place de la Duchesse-Anne, l'énorme tour du Fer-à-Cheval est reliée par une courtine à la tour de la Rivière.

La cour intérieure offre encore des constructions plus variées et plus élégantes qui ont en commun de magnifiques lucarnes à frontons cintrés. Tout près de l'entrée, nous remarquons d'abord un puits en fer forgé, de la fin du 15e. Devant le puits se dresse un grand bâtiment de quatre étages, orné de lucarnes finement ajourées de la dentelle du style gothique flamboyant et prolongé par la tour de la Couronne-d'Or. Le vieux donjon est le seul vestige du château d'origine (1207).

Après quinze ans de travaux, le château a retrouvé, en 2007, sa splendeur d'antan. On y visitera avec grand profit son musée d'Histoire urbaine.

De la cour du château, on peut facilement gagner la cathédrale Saint-Pierre en empruntant la rue Mathelin-Rodier qui conduit directement sur le parvis de la cathédrale (place Saint-Pierre). Celle-ci fut fondée au 4e, mais ce n'est qu'au début du 15e que Mathelin-Rodier dressa les plans de la cathédrale gothique actuelle en un style flamboyant d'une grande pureté. L'église — c'est une de ses originalités — a été construite en pierre blanche, non en granit.

La façade de la cathédrale est surtout intéressante par ses cinq portails et par la qualité des sculptures qui ornent les trois portails centraux. La nef inférieure est un chef-d'œuvre d'élégance et de sobriété avec ses piliers moulés qui montent d'un seul tenant jusqu'à la voûte (37,50 mètres). Mais ce qui mérite le plus d'attention est le superbe tombeau de François II (1502-1507) et de son épouse Marguerite de Foix. Le chœur de l'édifice fut achevé au 19e. C'est sous le flanc S. du chœur que l'on a retrouvé, en 1886, une crypte romane. La récente restauration du sanctuaire a, par ailleurs, permis la pose de remarquables vitraux réalisés par Anne Lechevalier et Jean Le Moal.

Au N. de la cathédrale s'élève la silhouette élancée de la porte Saint-Pierre, composée de parties datant d'époques très différentes. L'édifice actuel, bâti sur des bases gallo-romaines, date du 15e. À deux pas de la cathédrale (au S.) se dresse la Psalette, édifice construit en 1502.

Contrastant avec l'époque médiévale et dominés par le chevet de la cathédrale s'étendent, de l'Erdre au château, les cours Saint-Pierre et Saint-André ; très ombragés, ils sont entièrement bordés d'hôtels particuliers du 18e. Leur rythme régulier est rompu par l'harmonieuse place du Maréchal-Foch que surveille, du haut de sa colonne, la statue de Louis XVI refaite en 1926. De la cathédrale, on peut gagner directement l'hotel de ville par la rue du Maréchal-Leclerc. Celui-ci se compose de trois bâtiments construits au 17e dans des

Ci-dessus
Rouvert en 2007, le château des ducs de Bretagne (fin du 15e) a connu d'importants travaux de restauration.

styles différents. De là, on atteint la préfecture en prenant la rue Saint-Jean et la rue Juesseau qui conduit juste devant cet édifice aux lignes classiques et symétriques, bâti à partir de 1763.

De l'autre côté du cours des Cinquante-Otages, véritable épine dorsale de la ville, s'étend le quartier O. de Nantes, construit dans sa majeure partie au 18e d'après les plans de l'architecte Mathurin Crucy.

La place Royale, que l'on gagne à partir du cours des Cinquante-Otages par la rue d'Orléans, est l'une des principales attractions du quar-

tier O. Elle fut dessinée par Mathurin Crucy à la fin du 18e, mais dut être presque entièrement reconstruite après la dernière guerre. Au N.-O., se dresse l'église Saint-Nicolas (1844), excellent exemple de néogothique. Au centre de la place s'élève la fontaine de la Loire, monument dû au sculpteur Driollet (1865). À l'O. de la place, prendre la rue Crébillon, l'une des plus animées de la ville. S'il n'a pas été tenté par une courte visite au curieux passage Pommeraye (19e) — qui donne sur la rue Crébillon —, le visiteur arrive rapidement à la place et au théâtre Graslin (1788) à la façade ornée de hautes colonnes corinthiennes. À l'O. de la place s'étend le calme cours Cambronne (18e).

Le quai de la Fosse longe la Loire et le port de Nantes (4e ou 5e port de France avec son complexe de Donges et Saint-Nazaire). Pour l'atteindre, emprunter la rue Voltaire, la rue Dobrée puis une des rues sur la gauche. Le long de cette artère s'élèvent encore quelques immeubles particuliers du 18e, construits par les armateurs nantais. Ils ont conservé leurs lignes sobres et leurs balcons ornés, notamment l'hôtel Darbré (n° 86), l'ancien immeuble de la Compagnie des Indes (n° 70), ainsi qu'une maison de style Louis XV aux jolis balcons ouvragés et aux bas-reliefs sculptés (n° 17). Au n° 24, se trouve la remarquable médiathèque Jacques-Demy (bibliothèque, discothèque et, surtout, musée de l'imprimerie).

L'île Feydeau possède également de splendides hôtels particuliers, notamment rue Kervegan. Les hôtels Charron (1727) et de La Villestreux sont situés sur la place de la Petite-Hollande, à l'O. de l'île.

L'époque contemporaine a vu la réalisation d'importants ensembles architecturaux. Si la tour Bretagne (1976) apparaît quelque peu agressive dans son environnement du 18e, les constructions de l'île Beaulieu (dite aussi « île de Nantes ») - avec le ministère des Affaires étrangères et le palais des Sports, par exemple - sont de meilleure venue. Nantes, en effet, a la chance de posséder, au cœur même de la cité, une île fluviale de 5 kilomètres carrés qui est, depuis des années, l'objet d'une imposante rénovation.

À proximité de la gare, la Manufacture des tabacs a été transformée en centre culturel, tandis que le belvédère de la tour LU (reconstruite à l'identique en 1998, d'après le modèle de 1909) permet désormais d'avoir une vue panoramique sur la ville. L'histoire des familles Lefèvre et Utile (LU) est liée à Nantes depuis 1850. À deux pas de la tour, la biscuiterie est devenue centre culturel mais avec les mêmes initiales que les petits beurre (« Lieu Unique »).

Outre les musées déjà cités, la ville possède un musée des Beaux-Arts, 10, rue Georges-Clemenceau. Au S.-O. de la place Graslin se trouvent le Musée archéologique, le musée Dobrée (tous deux place Jean-V) et le muséum d'Histoire naturelle (rue Voltaire) ; ils connaissent actuellement de lourds travaux de réaménagement. Les amateurs pourront aussi visiter le musée Jules-Verne, 3, rue de l'Hermitage, le Planétarium, 8, rue des Acadiens et le musée de la Poupée, 39, boulevard Saint-Aignan.

Nantes en Bretagne

Même si Nantes est aujourd'hui la capitale de la Région « Pays de Loire », il ne fait aucun doute que la ville fait bien partie de la Bretagne. Elle fut même, d'ailleurs, capitale de la Bretagne, et les ducs y résidaient dans leur superbe château. Après le 16e siècle, l'influence politique de Nantes décrut au profit de Rennes, son éternelle rivale. Bien que les deux villes soient seulement à une heure de route, les rapports entre Nantes et Rennes restent limités.

Page de gauche
Nantes : théâtre Graslin (architecte Mathurin Crucy, 1788, reconstruit en 1813).

Ci-dessous
Nantes : le passage Pommeraye, ouvert en 1843, est un des hauts lieux du commerce nantais.

Ci-dessus à gauche
Assiette en faïence (faïencerie HR, fin du 19e) : décor du *Petit Breton* ; au Musée départemental breton de Quimper.

Ci-dessus à droite
Cathédrale Saint-Corentin de Quimper.

Page de droite
Quimper : nef de la cathédrale. Seule en France à avoir été repeinte selon les caractéristiques du Moyen Âge.

QUIMPER (Finistère)

La capitale de la Cornouaille est une des perles de la Bretagne, sertie dans un séduisant décor de vallons et de collines. Ce « *charmant petit endroit* », selon le mot de Flaubert, est situé à quelques lieues de la mer, au confluent du Steir, du Jet et de l'Odet.

La cathédrale Saint-Corentin a pris la place d'un sanctuaire roman, et sa construction s'est échelonnée du 13e au 19e. Ainsi ses flèches ont été édifiées en 1855, sur le modèle de celles de Pont-Croix. Les deux tours (milieu 15e) appartiennent à une tradition anglo-normande très répandue en Bretagne. Sur la plate-forme la statue équestre (1858) du roi Gradlon a été inspirée par un modèle plus ancien détruit par les révolutionnaires en 1793.

De dimension relativement modeste — 92 mètres de long —, la cathédrale offre un bon exemple d'architecture gothique en Bretagne. Les grandes arcades, abondamment moulurées, trahissent une influence normande. Le chœur (1240-1287 environ) ne se trouve pas dans l'axe de la nef ; cela est dû sans doute au souci des bâtisseurs d'incorporer la chapelle de la Victoire dans l'édifice du 13e.

À hauteur de la cathédrale, les restes des remparts témoignent du caractère fortifié de la cité.

Au pied de la cathédrale, l'ancien évêché bâti par les Rohan (1508) abrite le Musée breton qui possède des pièces remarquables.

À proximité de la cathédrale, les halles Saint-François sont un exemple convaincant d'architecture contem-

poraine (charpente en forme de coque de navire renversée).

De l'autre côté de la place, l'attachant musée des Beaux-Arts (1872), d'un très grand intérêt, recèle des tableaux, dessins et gravures du 16e au 20e.

Il convient de ne pas limiter la découverte du vieux Quimper à la rue de Kéréon (c'est-à-dire rue des Cordonniers) qui fait face à la cathédrale. Il faut accepter de se perdre dans cette ville finalement plus riche d'atmosphère que de monuments. Il faut arpenter ses passerelles et ses quais, un soir d'automne, et humer l'odeur de ses marronniers. Il faut s'enfoncer dans le dédale des rues et des places aux noms évocateurs. Dans la rue du Guéaudet, la « Maison des Têtes » est censée représenter quelques-uns des trousse-goussets de l'époque. La venelle Saint-Nicolas est coupée d'escaliers. Mais la plus belle maison de Quimper (« Le Minuellou ») se trouve rue du Sallé.

La rue Kéréon conduit à la Terre-au-Duc qui, à la différence de la ville intra-muros (domaine épiscopal), était sous la souveraineté des ducs de Bretagne.

Au bas du mont Frugy — qui domine la ville de ses 70 mètres —, les allées de Locmaria mènent au quartier du même nom, fief de la faïencerie quimpéroise. En 1690, un céramiste de Provence, J.-B. Bousquet, s'établit à Locmaria. Il y a un musée de la Faïence (route de Bénodet), et les faïenceries Kéraluc (rue de la Troménie) se visitent aussi. C'est au pied du mont Frugy que se déroulent, en juillet, les fêtes folkloriques de Cornouaille.

L'église Notre-Dame est le monument le plus ancien de Quimper. La nef romane remonte à la première moitié du 11e ; le chœur, le transept et la tour sont du 12e.

Ci-dessous
« Le Port de Pont-Aven » (*c.* 1893) du peintre nantais Maxime Maufra (1861-1918), qui faisait partie de l'École de Pont-Aven. Ce chef-d'œuvre de Maufra est exposé au musée des Beaux-Arts. © Photo Luc Robin, Musée des Beaux-Arts, Quimper.

Ci-dessus
Rennes : le palais du Parlement de Bretagne (1618-1655) était le centre de la vie rennaise sous l'Ancien Régime. Gravement touché par un incendie, en février 1994, il a été restauré avec génie.

RENNES (Ille-et-Vilaine)

Le centre historique de Rennes est une juxtaposition, dans un espace restreint, de deux types de quartiers totalement différents. À l'O. et à l'E. d'un ensemble de rues et de places tracées au cordeau et bordées d'édifices réguliers, des ruelles se faufilent entre d'antiques demeures. Jusqu'au 18e siècle, Rennes était bâtie de grandes maisons de bois et de torchis, et ses rues étaient tortueuses. Mais, le 23 décembre 1720, éclate un incendie qui, en six jours, détruit le centre de la ville. Un plan de reconstruction de grande envergure est alors décidé par le pouvoir royal. Les travaux furent exécutés de 1723 à 1760.

C'est du palais du musée des Beaux-Arts (bâtiments de 1845-1855), quai Émile-Zola au centre de la ville — et à deux pas du parking Kléber — qu'il convient de commencer la visite. On y trouvera de nombreux trésors.

Derrière le musée, rue du Capitaine-Dreyfus, l'église de Toussaints (1624-1651) est la chapelle de l'ancien collège des Jésuites, qui a formé les cadres de la Bretagne sous l'Ancien Régime. Le grand retable (17e) a beaucoup influencé l'art des églises bretonnes. À 100 mètres de là, 34, rue Vasselot, se trouve un exceptionnel vestige du 17e : un escalier extérieur en bois.

Après être revenu sur nos pas par la rue Dreyfus, il convient d'emprunter la passerelle Saint-Germain puis de tourner à droite, quai Chateaubriand, en direction du parking Kléber. Nous apercevons bientôt, au N., le palais Saint-Georges (17e), ancienne abbaye royale bénédictine. De là, à mi-côte, emprunter la rue Saint-Georges, témoin de l'architecture de Rennes avant l'incendie de 1720.

Ci-dessus
La Rennes du 21e siècle se veut jeune et festive… © Hervé Ronné

Ci-contre
Dans la douceur d'un jour d'été, la place de la Mairie à Rennes…

Tout près, la rue Derval conduit à l'église Saint-Germain. C'est un édifice qui est, en grande partie, de style ogival flamboyant.

Le contraste est saisissant lorsque l'œil découvre l'admirable place du Parlement-de-Bretagne. L'ancienne place Royale, construite par Jacques

© Hervé Ronné

Ci-dessus
Splendeur de l'Opéra de Rennes, dont l'intérieur a été rénové à la fin du 20e siècle.
© Hervé Ronné

Gabriel, forme le plus bel ensemble architectural de la ville avec ses splendides immeubles (1725).

Au N., l'ancien palais du parlement de Bretagne (1618-1655) est l'œuvre du Rennais Germain Gaultier, mais la façade fut dessinée par Salomon de Brosse, l'architecte du palais du Luxembourg à Paris. Gravement touché par un incendie en février 1994, le parlement a été totalement restauré.

La rue de Brilhac (au S.-O.) conduit place de la Mairie. L'hôtel de ville (1734-1762), à l'aspect baroque, a été érigé par J.-A. Gabriel, Premier architecte de Louis XV. Du côté opposé se trouve l'Opéra (1836), bel exemple de style néopalladien.

Par les rues de l'Hermine, à droite de l'hôtel de ville, puis Du-Guesclin, le visiteur gagne la basilique Saint-Sauveur (1703-1725), précédée de sa place.

En sortant, prendre à droite la rue de Montfort, la place du Calvaire, puis la rue du Chapitre. Nous voici dans la partie O. du vieux Rennes qui a échappé à l'incendie de 1720. On y retrouve le décor et l'atmosphère des 16e et 17e siècles. L'hôtel de Blossac (1730-1750) possède un escalier remarquable (à gauche en entrant). Les maisons à pans de bois (16e et 17e) se succèdent par la rue de la Psalette, qui contourne le chevet massif, et la rue Saint-Guillaume. Puis nous voici dans la rue commerçante de la Monnaie.

© Hervé Ronné

Ci-dessus
Dessiné par Jacques Gabriel, construit de 1734 à 1762, l'hôtel de ville de Rennes comprend un beffroi central à dôme et deux pavillons.

À quelques pas de là, sur la gauche, se dresse l'imposante et sévère cathédrale Saint-Pierre. Commencée en 1787, achevée en 1844, cette construction a repris des éléments d'un édifice plus ancien. À l'intérieur, retable anversois (vie de la Vierge et arbre de Jessé, 16e).

En face de la cathédrale se trouve l'étroite rue des Portes-Mordelaises. Apparaissent alors quelques vestiges des remparts du milieu 15e.

Poursuivons notre route pour atteindre la place des Lices, siège d'un important marché le samedi matin. Sur cette place, divers hôtels particuliers (milieu du 17e) ont été construits en pierre et en bois selon la vieille tradition locale. Les pavillons des Halles sont représentatifs de la seconde partie du 19e siècle.

Au bas des Lices, l'église Saint-Étienne (fin 17e-début 18e) est l'ancienne chapelle d'un couvent. De l'église Saint-Étienne, nous atteignons, par la rue Nantaise, la tour Duchesne (15e, restaurée) et les vestiges des remparts. Nous achevons notre brève visite de Rennes. Pour nous remettre de nos fatigues, rendons-nous au jardin du Thabor, au N.-E., dont les quelque 10 hectares ont été aménagés dans l'ancien jardin des Bénédictins de Saint-Melaine. On peut visiter l'ancienne abbaye (aujourd'hui église Notre-Dame), à l'entrée du jardin. La croisée du transept, avec ses arcs outrepassés, et quelques piliers de la nef — rares exemples de roman en Bretagne (11e) —, sont incorporés dans un édifice du 14e. À l'extrémité E. du Thabor se dresse le surprenant ensemble de l'école Saint-Vincent, élevé en 18 mois (1911-1912).

La ville a beaucoup changé au cours des quatre dernières décennies, et les travaux d'urbanisation, de rénovation ou de modernisation y sont permanents : la Barre-Saint-Just (1969), les tours siamoises des Horizons (1971) et la Cité judiciaire (1984) semblent déjà appartenir à un lointain passé. Rennes a maintenant son métro automatisé (2002) et, depuis 2006, un nouvel ensemble culturel (10, cours des Alliés, près de la gare), Les Champs-Libres (architecte Christian de Portzamparc). Il regroupe médiathèque, bibliothèque, espace des sciences (planétarium) et musée de Bretagne (riches collections.

Ceux qui s'intéressent au milieu agricole du pays de Rennes pourront visiter l'écomusée de la Bintinais (route de Châtillon).

Ci-dessous
Le centre de Saint-Brieuc réserve quelques heureuses surprises, comme cette rue Fardel, à quelques pas de la cathédrale, avec ses maisons à pans de bois.

SAINT-BRIEUC (Côtes-d'Armor)

Campée sur sa colline, la première ville des Côtes-d'Armor séduit surtout par son site. À quelque 100 mètres d'altitude, Saint-Brieuc s'est développée à la diable, entre les vallées encaissées du Gouëdic, à l'E., et du Gouët, à l'O. Les ponts s'y comptent par dizaines. Pour apprécier le panorama, se rendre au tertre Notre Dame (au N.-O.), au rond-point Alfred-de-Musset (au N.), au tertre Aubé (au N.-E.) ou au rond-point Huguin (à l'E., derrière le lycée Renan). On peut profiter de ce dernier belvédère pour se rendre au théâtre de Verdure et aux Grandes Promenades du palais de justice (1863).

Au Moyen Âge, la ville eut pour évêque le prélat Guillaume Pinchon, qui, au 13e siècle, défendit la cité contre les agents du duc Pierre Mauclerc ; il fut canonisé treize ans seulement après sa mort. L'artère

Ci-dessus
Saint-Brieuc : plus solide qu'élégante, la cathédrale Saint-Étienne (fin 12e-15e, mais souvent remaniée ensuite) ressemble à une forteresse, et d'ailleurs ses deux tours (14e) sont fortifiées (mâchicoulis, meurtrières et chemin de ronde). À droite, hôtel de ville.

commerçante de Saint-Brieuc, la rue Saint-Guillaume, rappelle son nom.

De cette rue, il est facile de gagner la cathédrale Saint-Étienne (construite entre 1170 et 1248). Cet édifice impressionnant ressemble autant à un château fort qu'à une cathédrale et servit, d'ailleurs, de forteresse. Ses deux tours datent du 14e. Il reste quelques vestiges de la construction initiale, notamment certains éléments du porche principal (13e), certains chapiteaux du transept (13e) et le tombeau de saint Guillaume (milieu du 13e). Noter le superbe retable de l'Ascension (1745).

Dans le quartier de la cathédrale, on trouve encore diverses maisons en encorbellement, notamment place du Martray, rue Fardel, rue du Gouët et rue Houvenagle. Les passionnés d'histoire pourront se rendre au musée d'Art et d'Histoire des Côtes-d'Armor (rue des Lycéens-Martyrs, au S. de la poste).

Louis Guilloux, fils de cordonnier

À l'inverse d'autres pays, la France n'aime ses vrais écrivains qu'après leur mort. Et c'est ainsi qu'elle feint de découvrir Louis Guilloux (1899-1980) l'année du centenaire de sa naissance à Saint-Brieuc. Né d'un père cordonnier, il se rend à Paris en 1918 et y exerce divers métiers avant de devenir écrivain en 1927 avec *La Maison du peuple* où il évoque sa ville natale. En 1935, il publie *Le Sang noir* et part, l'année suivante, pour l'URSS avec André Gide.

L'année 1999 a été marquée par de nombreuses manifestations, mais aussi par des rééditions. ■

Ci-dessous
Un jour, dit la légende ; un moine gallois (on allait vite l'appeler Malo) débarqua sur ces rivages d'Armorique. L'endroit n'était alors qu'un vaste bloc rocheux relié à la terre par un banc de sable. Quelques siècles plus tard, il était devenu Saint-Malo. Détruite presque en totalité en 1944, la Ville-Close a été reconstruite.

SAINT-MALO (Ille-et-Vilaine)

Saint-Malo doit son exceptionnelle fortune à la rage de vaincre et à l'esprit d'indépendance de ses habitants, qui ne cesseront de proclamer leur devise : *Malouin d'abord, breton peut-être, français s'il en reste…* Il existe une âme malouine, forgée par des siècles de luttes sur terre et sur mer. Les Malouins voudront toujours prendre en main leur propre destin.

Au 17e siècle, Saint-Malo est le plus grand port de France. Il doit sa prospérité à un commerce maritime de grande envergure qui repose sur la pêche à la morue à Terre-Neuve, après que l'un des siens (Jacques Cartier) l'eut découverte, et sur le négoce des fourrures du Canada. La morue salée est vendue dans les pays de la Méditerranée. En retour, les navires malouins rapportent dans leurs cales l'alun de Rome, qu'ils livrent aux entreprises textiles de l'Europe du Nord. Ils échangent également toiles et cotonnades avec les Indes et l'Espagne. Dans l'Atlantique Sud, les îles Malouines sont visitées par le Malouin Gouin de Beauchesne dès 1699 ; elles seront colonisées par des aventuriers de Saint-Malo à partir de 1763. Au 18e siècle, les Malouins participent à la traite des Noirs et contrôlent les îles Bourbon et de France

Ci-dessus
Vue panoramique de Saint-Malo.

Page de droite
Vieux gréement « L'Étoile Polaire » devant le fortin du Petit-Bé.
La capitale des Corsaires reste, par définition, un rendez-vous des amoureux de la mer.

(aujourd'hui La Réunion et Maurice).

La difficile conjoncture politique et économique de la France, à la fin du règne de Louis XIV, oblige les Malouins à se tourner vers une activité de substitution qu'a exaltée la légende : la course. Les sociétés par actions arment les navires afin de pallier les insuffisances du grand commerce. C'est alors que Sébastien Vauban et l'architecte Siméon Garangeau achèvent les fortifications de la ville et les forts sur les rochers qui ceinturent la baie (le fort Royal, le Petit-Bé, l'île Herbois, la Conchée, Cézembre, l'île Harbour…), autant d'écueils qui rendent la cité imprenable.

Pendant la Révolution, Saint-Malo devient Port-Malo. L'activité commerciale du port continue de décliner. Surcouf est peut-être le plus célèbre des corsaires, mais ses exploits restent isolés. L'âge d'or de la course est passé… Mais pas celui des tragédies : une grande brûlerie anéantit la ville, à 80 pour cent, en août 1944. Aujourd'hui, Saint-Malo a été merveilleusement reconstruite, dans le style monumental des hôtels construits au 18e par Garangeau.

Le visiteur pénètre dans la cité « intra-muros » par la porte Saint-Vincent. Le château, qui abrite désormais l'hôtel de ville, date du 15e, à l'exception de sa partie E., la Galère, qui est du 17e. La tour Quiquengrogne, adossée au petit donjon, a été construite par la duchesse Anne. Construit par le duc Jean V, le grand donjon, auquel a été ajoutée la grosse tour dite Générale, est aujourd'hui le musée d'Histoire de Saint-Malo, qui retrace l'histoire de la cité corsaire et de ses hommes illustres. Le musée du Pays malouin est situé tout à côté.

Le tour des remparts constitue une magnifique promenade, et c'est la meilleure façon de découvrir Saint-Malo. Les fortifications (qui ont été épargnées par le grand incendie

d'août 1944) sont l'œuvre de Siméon Garangeau, élève de Vauban. À noter cependant que la partie N.-O., derrière la tour Bidouane (17e) jusqu'au fort de la Reine (18e), date du siècle dernier. Derrière la tour Bidouane est érigée la statue de Robert Surcouf, le doigt pointé vers l'Angleterre. La partie O. des remparts, face au large et au-dessus de la plage de Bon-Secours, remonte au Moyen Âge : ce sont les petits murs, construits par l'évêque Jean de Châtillon, et qui s'étendent de la tour Bidouane au bastion de Hollande ; derrière la Hollande, se dresse la statue de Jacques Cartier.

Du haut des remparts, on découvre la ceinture de rochers qui entoure la ville : le Petit-Bé, coiffé d'un fort, et le Grand-Bé, où est enterré Chateaubriand. Plus au large, on aperçoit l'île de Cézembre — où vivaient jadis des moines —, le fort de la Conchée (1695) et le fort Harbour, construits par Sébastien Vauban.

Quelques rares maisons ont été épargnées par l'incendie de 1944 : l'hôtel Magon de La Lande et l'hôtel Asfeld, situés près de la porte Saint-Louis. Ces hôtels de granit, propriétés des armateurs malouins, ont été construits par Garangeau au 18e. L'hôtel de La Gicquelais (où naquit Chateaubriand) et la belle Maison des poètes, 5, rue Pélicot ont pu être également sauvés. Les immeubles près de la porte de Dinan à l'O. ont été remis en état.

La cathédrale Saint-Vincent a été restaurée : cet édifice est un mélange de styles de diverses époques (12e… au 20e). Sa façade présente des parties de la Renaissance, de l'époque classique et du 18e. La nef (12e) est couverte de grandes voûtes d'ogives à la manière angevine et le chœur (13e) est caractéristique du style anglo-normand répandu en Bretagne. Les prestigieux vitraux de la grande rose (1969-1972) sont de Jean Le Moal et Bernard Allain et ceux des collatéraux de la nef de Max Ingrand.

Saint-Malo se visite en toute saison, et les prétextes ne manquent jamais (festivals Étonnants Voyageurs, Quai des Bulles, Route du Rock…). Les amateurs de vie marine pourront se rendre à l'Aquarium intra-muros place Vauban et surtout au Grand Aquarium-Saint-Malo ouvert en 1996 avenue du Général-Patton, à La Ville-Jouan.

Ci-dessus
La tour Solidor (fin 14e),
à Saint-Servan.

Saint-Servan

Saint-Servan s'appelait jadis Alet et sa région le Clos-Poulet. Cette importante cité gallo-romaine devint la capitale des Coriosolites (voir Corseul). Les sites gallo-romains sont nombreux dans la région ; l'un d'eux, au pied de la tour Solidor, date de l'an 390.

Pillée et incendiée à plusieurs reprises par les invasions normandes, Alet fut surclassé par Saint-Malo au 12e siècle. La tour Solidor y fut construite, en 1382, par le duc Jean IV de Bretagne pour contrôler la cité et l'empêcher de commercer avec Dinan. Solidor est un bel exemple de l'architecture militaire du Moyen Âge : la tour abrite aujourd'hui un musée des Cap-Horniers.

Paramé

Aujourd'hui reliée à Saint-Malo intramuros par le Sillon, c'est une station balnéaire importante. La promenade sur la digue, en longeant la grande plage, est pittoresque ; aux fortes marées, la mer vient se briser sur la chaussée. Le village de Rothéneuf conserve quelques éléments du manoir de campagne de Jacques Cartier. Nous sommes ici au pays des malouinières (La Chipaudière, La Ville-Bague, Le Puits-Sauvage…).

C'est sur une pointe de rochers qui descendent vers la mer que l'abbé Fouré (1839-1910) sculpta, en vingt-cinq ans, la légende de la famille des Rothéneuf.

SAINT-POL-DE-LEON (Finistère)

La rue Leclerc constitue la principale artère de la ville ; on y remarque diverses demeures anciennes. La cité comporte plusieurs monuments religieux de grand intérêt. Il y a d'abord la chapelle Saint-Fiacre (15e, campanile du 18e) dans le cimetière. La chapelle Notre-Dame du Kreizkêr (14e-15e) possède une remarquable flèche, imitée de Saint-Pierre de Caen. Elle culmine à 78 mètres.

Saint-Pol est également connu pour sa cathédrale, d'influence normande. Elle a gardé quelques éléments romans, mais la majeure partie de l'édifice est gothique (13e ou 16e). La nef, de couleur claire, a été réalisée en calcaire de Caen. Autour du chœur, de petites boîtes portant le nom des chanoines de la cathédrale contiennent leur crâne ; on les appelle les « étagères de la nuit ».

VANNES (Morbihan)

La ville est bâtie en amphithéâtre, à l'extrémité N. d'un estuaire qui donne sur le golfe du Morbihan. Deux maigres cours d'eau s'y unissent, au S., pour former le port de Vannes, qui comprend aujourd'hui un bassin à flot. Le site est vallonné, mais l'altitude est faible (22 m).

Pour visiter Vannes, on peut partir de l'hôtel de Limur, au N. de la rue Thiers, où se trouvent le syndicat d'initiative et le musée de l'Huître. Gagner, de là, la place Maurice-Marchais. Autour de ce quadrilatère s'ordonne une part importante de la vie urbaine. À l'O., l'hôtel de ville est un bâtiment néo-Renaissance de 1886.

La rue Emile-Burgault, qui débouche sur la place à l'opposé de l'hôtel de ville, conserve l'hôtel du Gouverneur (1655), au fond d'une impasse, et permet de parvenir à la place Henri-IV que bordent des maisons en encorbellement du 16e. Rue Saint-Salomon, lapin (au n° 10) et animaux fantastiques (n° 13) ornent les façades de demeures du 16e. Attenante à la place, la rue des Halles possède d'autres maisons à colombages et la cohue, à l'architecture composite (mais certaines parties sont du 14e), où, pendant des siècles, les commerçants ont tenu boutique.

À l'angle de la rue Noë, Vannes et sa femme, bons bourgeois à la mine réjouie, font la nique au visiteur. Flaubert les salua en 1846. Dans la même rue, on visitera le Château-Gaillard. Ce manoir du début 15e fut siège du parlement de Bretagne de 1456 à 1532 ; il héberge actuellement le musée d'Histoire et d'Archéologie.

La place Saint-Pierre abrite la Cohue (musée des Beaux-Arts). La

Ci-dessous

Port de Vannes.

cathédrale Saint-Pierre a été rebâtie en grande partie à l'époque flamboyante et restauré au 19e. De l'origine (13e), il reste la tour N. de la façade ; une flèche lui a été adjointe à l'époque romantique. La nef est de 1450-1476, le chœur de 1774. On portera aussi attention au buffet d'orgues (1742) et au trésor. Dans la salle capitulaire (1782) ont été rassemblées des pièces d'orfèvrerie liturgique ancienne, notamment un rarissime coffre de mariage, du 12e, décoré de peintures.

En sortant par le portail N., de style flamboyant (1514), on pourra emprunter la rue des Chanoines pour se rendre par la Porte-Prison (début 15e), à l'église Saint-Patern (1727). On aura remarqué au passage, dans les rues avoisinantes (Saint-Guenaël et de la Bienfaisance) des logis médiévaux parfois décorés. En redescendant par les rues La Fontaine et Alain-Le Grand, on passe devant l'ancienne préfecture (1866) pour se diriger vers les remparts que borde un joli jardin. La muraille, surmontée par son appareil défensif, comprend des fragments de construction romaine (4e). Deux tours sont visibles : la Poudrière (16e) et la tour du Connétable (14e-15e), la plus élevée.

En longeant les remparts, on découvre les splendides lavoirs (17e-18e), situés sur le ruisseau de Rohan, et la porte Poterne, ouverte en 1680. Puis nous arrivons dans le quartier du port (la porte Saint-Vincent, de 1704, est visible sur la droite). En bordure du bassin, les demeures anciennes ne manquent pas. La place Gambetta, à proximité du « grand canal », est, en été, un des lieux les plus agréables de la ville.

Ceux qui aiment les poissons ne manqueront pas de visiter le parc du Golfe (direction Conleau) avec son remarquable aquarium océanique et tropical, son jardin aux Papillons et le musée maritime du Golfe appelé « Capitaine d'un jour ».

VITRÉ (Ille-et-Vilaine)

Vitré est une des plus charmantes villes de Bretagne. Outre ses rues pittoresques (rues Baudrairie, Poterie et d'Embas), on se promènera le long de ses fortifications. Le remarquable château (13e-16e) sert également de musée. La façade sud de l'église Notre-Dame (15e-16e) est très réussie. Un castel néogothique (1855) sert de gare à la ville.

Pierre-Olivier Malherbe

Vitré s'honore d'avoir donné naissance, vers 1560, au voyageur Pierre-Olivier Malherbe, qui mériterait d'être mieux connu dans toute la Bretagne. Après avoir travaillé dans le commerce des toiles en Castille, il entreprit un tour de monde… qui dura vingt-huit ans. Son extraordinaire aventure le mena en Amérique du Sud, puis en Asie. Il vécut en Inde à la cour de l'empereur moghol Akbar avant de repartir pour le Tibet, Samarkand et le Moyen-Orient. De retour en France, il réussit à convaincre Henri IV de développer le commerce avec l'Extrême-Orient. On ignore tout de la fin de sa vie. ■

Page de gauche
Remparts de Vannes.

Ci-dessous
Château de Vitré (13e-15e).

La gastronomie

La Bretagne est, à bon droit, réputée pour sa gastronomie. Ses crêperies sont légion, et ses restaurants servent des menus où les fruits de mer et les poissons se taillent… la part du lion.

Ci-dessus
Langoustines.
© Claude Herlédan

Comme toutes les populations rurales, les Bretons sont de grands amateurs de charcuterie (son andouille est d'ailleurs de qualité). Les plateaux de fruits de mer sont d'une richesse exceptionnelle, et ses poissons frais sont accommodés de mille et une façons. Pour le dessert, on peut également choisir des spécialités bretonnes, comme le kouign-amann. Pour les boissons, il y a le choix entre le cidre ou le vin de Loire-Atlantique… et le lait ribot (baratté) pour les galettes.

Quelques spécialités bretonnes

Andouille : Elle est élaborée à partir d'abats de porc (estomac et gros intestin). Après un salage de huit jours, l'andouille est fumée au feu de bois (bois de pommier selon la tradition). Les plus réputées sont celles de Lesneven (Finistère) et Guémené-sur-Scorff (Morbihan). L'andouille se déguste froide ou chaude.

Cidre : Boisson obtenue par la fermentation alcoolique et naturelle du jus de pommes fraîches. Selon la tradition, on le boit dans des bolées (petits bols à anse, blancs et bordés d'un liseré orangé). Quelques fermes le produisent encore, mais il est essentiellement fabriqué en cidrerie. Les cidres les plus réputés sont ceux de Fouesnant (Finistère) et de Pleudihen-sur-Rance (Côtes-d'Armor) qui possède un musée de la pomme et du cidre.

Coquille Saint-Jacques : Mollusque bivalve. Appelée également « louche du pêcheur » ou « peigne ». Les principaux centres de production sont la rade de Brest et la baie de Saint-Brieuc (Binic, Erquy, Saint-Quay-Portrieux). Surexploités, certains gisements ont totalement disparu (Perros-Guirec). Saison : octobre à mars.

Craquelins : Pâtisseries sèches, à base de farine et d'œufs, qui craquent sous la dent (le mot craquelin, attesté depuis 700 ans, serait d'origine néerlandaise). Au Moyen Âge, on disait aussi les « échaudés », car on les échaudait à l'eau frémissante. Leur forme a varié selon les époques et les régions. En Bretagne, les craquelins sont une des spécialités du pays de Dinan. On y trouve encore quelques rarissimes fabriques artisanales ou industrielles, notamment aux Champs-Géraux et à Plumaudan (Côtes-d'Armor).

Galettes : Confectionnées à partir de blé noir (sarrasin), de farine de froment (dans certaines régions), d'œufs, de sel. La pâte liquide, mais assez épaisse, est versée sur un *bilig* (plaque en fonte, encore appelée « tuile ») ou dans une poêle. La pâte doit être cuite de chaque côté. Les galettes se mangent ensuite telles quelles ou accompagnées de jambon, champignons, andouille, œufs, fromage, thon, saumon fumé… Boissons conseillées : cidre ou lait ribot.

Kouign-amann : Gâteau. En breton, *kouign* signifie gâteau, et *amann* beurre. Créé vers 1865 à Douarnenez (Finistère), par un certain Scorolia, il est confectionné avec de la pâte briochée et beaucoup de beurre. À l'origine, on le cuisait dans le four du boulanger. Il se sert tiède. On le trouve un peu partout en Bretagne, mais la vraie recette reste celle de Douarnenez.

Vins : Les vins bretons sont aujourd'hui la spécialité de la Loire-Atlantique. Le vignoble couvre une superficie d'environ 13 500 hectares, dont l'essentiel (près de 10 000) est consacré au muscadet. Quelque 3 000 hectares sont pour le gros-plant et une infime partie (270 hectares) pour les coteaux Ancenis. La production en hectolitres enregistrés est d'environ 660 000 pour le muscadet, 246 000 pour le gros-plant et 16 500 pour les coteaux Ancenis, soit 922 500 hectolitres.

Ci-dessous
Galette de sarrasin à l'œuf. © Claude Herlédan

Ci-dessous
Kouign-Amann, gâteau au beurre. © Claude Herlédan

Table des matières

Éditeur : Hervé Chirault
Coordination éditoriale : Isabelle Rousseau
Mise en page : Studio graphique des Éditions Ouest-France
Photogravure : Micro Lynx, Rennes (35)
Impression : Pollina, Luçon (85) - L76020b

ISBN 978-2-7373-7191-2
Dépôt légal : mai 2016
N° d'éditeur : 8285.01.0,5.05.16
Imprimé en France
www.editionsouestfrance.fr